COME FAR INNAMORARE UN UOMO : GUIDA PRATICA PER COSTRUIRE UNA RELAZIONE DURATURA

IANA BELDEKIEV

COME FAR INNAMORARE UN UOMO : GUIDA PRATICA PER COSTRUIRE UNA RELAZIONE DURATURA

Prefazione

L'amore è una delle forze più potenti dell'universo. Ha il potere di trasformare le nostre vite, di portarci felicità, soddisfazione e un profondo senso di connessione. Gioca un ruolo essenziale nel nostro benessere emotivo e nel nostro sviluppo personale.

L'amore è il cemento che unisce due individui e crea un legame indistruttibile. Nutre la fiducia, favorisce la crescita personale e porta una gioia incomparabile alla nostra esistenza. L'amore non è solo bello, ma anche essenziale per la nostra felicità e il nostro sviluppo.

Appassionata delle dinamiche interpersonali, ho deciso di condividere con voi le mie riflessioni, esperienze e consigli su come far innamorare un uomo. Credo fermamente che ogni donna meriti una relazione appagante e arricchente.

Siamo donne forti. Abbiamo il diritto di ottenere un amore incondizionato. Attraverso questo libro, desidero aiutare ognuna di noi a costruire una relazione appagante. Vi propongo di scoprire segreti, trucchi e strategie affinché l'uomo che avete scelto nutra e coltivi per voi l'amore più profondo e duraturo che ci sia.

I miei consigli vanno oltre il semplice ambito della seduzione, la cui portata è purtroppo spesso considerata solo per una relazione passeggera di pochi giorni o addirittura di poche ore. Il mio obiettivo è più ambizioso. Desidero darvi le chiavi per godere di una relazione duratura, condizione essenziale per lo sviluppo della nostra femminilità e per l'accesso alla felicità.

Voltate pagina, siete sulla strada verso la felicità.

Parti 1

Comprendere le basi

Capitolo 1

Comprendere gli uomini

Come donne, siamo esseri diversi dagli uomini. Il nostro corpo, la nostra psiche, le nostre sensazioni, i nostri sentimenti, il nostro modo di percepire non sono simili. Per far innamorare un uomo e legarlo duraturo a noi, è essenziale comprendere bene la psicologia maschile e le differenze tra uomini e donne in materia di amore.

1. La psicologia maschile

Comprendere la psicologia maschile è essenziale per stabilire relazioni appaganti con loro. Spesso abbiamo approcci diversi alla vita, all'amore e alle relazioni. Comprendere queste differenze può permetterci di cogliere meglio i bisogni, le motivazioni e le reazioni degli uomini nel contesto delle relazioni amorose.

Gli uomini sono spesso condizionati da norme sociali che influenzano il loro comportamento e le loro aspettative nelle relazioni. Possono essere stati cresciuti con ideali di mascolinità che valorizzano l'indipendenza, la forza emotiva e il successo professionale. Ciò può a volte rendere difficile per gli uomini esprimere le proprie emozioni o mostrare la propria vulnerabilità in una relazione.

Inoltre, gli uomini possono avere modi diversi di affrontare lo stress, i conflitti o i problemi relazionali. Possono essere più inclini a cercare soluzioni pratiche o a ritirarsi temporaneamente per riflettere sui loro sentimenti. Comprendere questi meccanismi di difesa può aiutarci a evitare malintesi e a favorire una comunicazione aperta e onesta nella relazione.

È anche importante riconoscere che ogni uomo è unico, e le sue esperienze di vita, i suoi valori e le sue credenze influenzano il suo modo di amare e di essere amato. Prendere il tempo di scoprire la personalità e le motivazioni del vostro partner può permettere di rafforzare la connessione e la comprensione reciproca nella relazione.

Gli uomini sono molto sensibili alla lussuria e al cibo. Possiamo controllarli soddisfacendo i bisogni dello stomaco e del basso ventre. Tuttavia, dobbiamo anche essere vigilanti, perché possono facilmente considerarci come oggetti destinati unicamente a soddisfare questi bisogni. È importante preservarci per evitare di essere considerate in modo troppo leggero. Siamo abili nel giocare su queste corde sensibili, ma approfittiamo anche di altri ambiti che ci permetteranno di prenderli meglio nella nostra rete. Per questo motivo, in questo libro, affronto altri argomenti, per permettervi di diventare una vera e propria ossessione per loro. Ogni respiro del vostro uomo, ogni battito del cuore deve avvenire pensando unicamente a voi.

2. Le differenze tra uomini e donne in materia di amore

Sebbene uomini e donne condividano emozioni e desideri relativamente simili in materia di amore, esistono spesso differenze sottili nel modo in cui esprimono e vivono il loro amore. Ad esempio, possono essere più inclini a esprimere il loro amore attraverso azioni piuttosto che parole, mentre noi possiamo dare più importanza alla comunicazione verbale e all'espressione emotiva.

Inoltre, uomini e donne possono avere bisogni emotivi diversi in una relazione. Possono desiderare il nostro riconoscimento, rispetto e supporto, mentre noi possiamo cercare sicurezza, attenzione e affetto. Comprendere queste differenze può aiutare a stabilire un equilibrio nella relazione e a rispondere ai bisogni emotivi di entrambi.

È anche importante riconoscere che uomini e donne possono avere aspettative diverse in materia di relazione. Ad esempio, possono dare più importanza all'indipendenza e all'autonomia, mentre noi possiamo valorizzare la vicinanza emotiva e l'impegno. Trovare un terreno comune tra queste aspettative può essere essenziale per costruire una relazione armoniosa e appagante.

Comprendere la psicologia maschile e le differenze tra uomini e donne in materia di amore è cruciale per stabilire relazioni sane e soddisfacenti. Riconoscendo e onorando i bisogni, le motivazioni e le aspettative del nostro partner, possiamo creare una relazione amorosa intensa, appagante e duratura.

Capitolo 2

La fiducia e l'autostima

Vi propongo di lavorare sulla nostra autostima e sulla nostra fiducia. Questi due elementi facilitano l'attrazione e l'amore. Rendendoci più forti e radiosi, costituiscono pilastri essenziali per stabilire relazioni benefiche con gli uomini. Discuteremo dell'importanza di questi due aspetti, precisando come coltivarli per migliorare le nostre interazioni nelle relazioni amorose.

1. L'autostima

L'autostima gioca un ruolo fondamentale nel modo in cui ci percepiamo e interagiamo con il mondo che ci circonda, comprese le nostre relazioni amorose. Avere un'autostima sana e positiva è essenziale per stabilire relazioni appaganti e soddisfacenti.

L'autostima si riferisce al valore che ci attribuiamo come individui. Questo implica avere una percezione realistica e positiva delle nostre competenze, delle nostre qualità e delle nostre realizzazioni. Quando abbiamo un'autostima elevata, siamo più propense a sentirci degne di amore e rispetto, il che può rafforzare la nostra fiducia nelle relazioni.

È importante coltivare un'autostima sana riconoscendo i nostri punti di forza e i nostri successi, accettando al contempo le nostre imperfezioni e i nostri errori. Ciò può comportare la pratica dell'auto-compassione, congratularci con noi stesse per i nostri successi e mostrarci gentili con noi stesse nei momenti di difficoltà.

Inoltre, prendersi cura del nostro benessere emotivo e fisico può anche contribuire a rafforzare la nostra autostima. Questo può includere attività come l'esercizio fisico regolare, la meditazione, la pratica di hobby che ci appassionano e il mantenimento di relazioni sane con i nostri cari.

Lavorando sulla nostra autostima, possiamo diventare più sicure nelle nostre interazioni con gli altri, comprese le nostre relazioni amorose. Siamo meglio attrezzate per stabilire confini sani, esprimere i nostri bisogni e desideri in modo assertivo, e scegliere partner che ci trattino con rispetto e considerazione.

2. La fiducia in se stesse

La fiducia in se stesse è un elemento chiave per avere successo in tutti gli aspetti della vita, comprese le relazioni amorose. Avere fiducia in se stesse ci permette di esprimere la nostra autenticità, di prendere rischi calcolati e di affrontare le sfide con determinazione e resilienza.

La fiducia in se stesse si costruisce a partire dall'autostima e implica anche il credere nelle nostre capacità di raggiungere i nostri obiettivi e di superare gli ostacoli che si presentano sul nostro cammino. Quando abbiamo fiducia in noi stesse, siamo più in grado di prendere decisioni informate, di affrontare l'incertezza con calma e di affermarci nelle nostre relazioni.

È importante coltivare la fiducia in se stesse sviluppando un dialogo interno positivo e mettendo in risalto i nostri punti di forza e i nostri successi. Ciò può anche implicare uscire dalla nostra zona di comfort, affrontare nuove sfide e superare le nostre paure e i nostri dubbi auto-imposti.

Avendo fiducia in noi stesse, possiamo attirare partner che riconoscono e apprezzano il nostro valore, il che può portare a relazioni più appaganti e gratificanti. Investendo nella nostra fiducia in noi stesse, siamo meglio equipaggiate per ottenere l'amore che meritiamo e per forgiare relazioni solide.

Vi incoraggio vivamente a lavorare sulla vostra fiducia in voi stesse e sulla vostra autostima. Sviluppando questi due elementi, diventerete più forti, sia nella vostra relazione con gli uomini che negli altri aspetti della vostra vita.

Capitolo 3

La comunicazione

La comunicazione è la pietra angolare di ogni relazione di successo. Nel contesto delle relazioni amorose, una comunicazione efficace è essenziale per stabilire una connessione profonda, risolvere i conflitti, nutrire l'amore e incoraggiare una comprensione reciproca. Comunicare efficacemente con un uomo può sembrare a volte una sfida, soprattutto considerando le differenze di comunicazione tra uomini e donne. Tuttavia, adottando strategie di comunicazione adeguate, è possibile stabilire una comunicazione aperta e onesta che rafforzi la relazione.

Innanzitutto, è importante scegliere il momento e il luogo giusti per iniziare una conversazione importante con il proprio partner. Evitate i momenti in cui entrambe le parti sono stressate o stanche, e optate invece per momenti di calma e di relax in cui potrete concentrarvi pienamente sulla discussione.

Poi, assicuratevi di esprimere i vostri pensieri, sentimenti e bisogni in modo chiaro e diretto, senza ricorrere alla manipolazione o alla critica. Utilizzate un linguaggio non accusatorio ed evitate le generalizzazioni, concentrandovi piuttosto su esempi concreti e sulle vostre esperienze personali. Insisto sulla necessità di essere chiare nelle vostre parole. Infatti, molti uomini rimproverano alle donne di avere discorsi ambigui, il che porta a errori di comprensione, poiché faticano ad analizzare la natura delle richieste espresse.

Ascoltare attivamente è anche cruciale quando si tratta di comunicare con un uomo. Ciò implica prestare attenzione a ciò che dice, mostrare empatia e compassione, e riflettere i suoi sentimenti e le sue preoccupazioni per dimostrare che capite e vi preoccupate dei suoi sentimenti.

Infine, siate aperte ai compromessi e alle soluzioni reciprocamente soddisfacenti. La comunicazione in una relazione non consiste solo nell'esprimere i propri bisogni, ma anche nell'ascoltare e rispettare i bisogni del partner, e nel trovare modi per risolvere i disaccordi in modo costruttivo.

Adottando un approccio rispettoso, aperto ed empatico alla comunicazione, potete rafforzare la connessione con il vostro partner, risolvere i conflitti in modo efficace e costruire una relazione basata sulla fiducia e sul rispetto reciproco.

Capitolo 4

La seduzione

La seduzione è un aspetto essenziale di ogni relazione amorosa. Spesso considerata solo per iniziare la relazione, in realtà deve proseguire per tutta la durata di quest'ultima, che nella mia mente non dovrebbe essere una breve avventura ma piuttosto qualcosa di duraturo. La seduzione permette di creare una connessione appassionata ed eccitante con il vostro partner, di mantenere viva la fiamma della passione e di rafforzare l'intimità. Vi propongo quindi di passare in rassegna i diversi modi di sedurre un uomo prima di discutere dell'arte del flirt nel contesto delle relazioni amorose.

1. I trucchi per sedurre un uomo

Sedurre un uomo può sembrare intimidatorio in base al vostro stato d'animo e alle norme più comuni nella nostra società, poiché spesso si considera che il primo passo spetti all'uomo. Tuttavia, anche noi possiamo fare un atto di seduzione, mantenendo dignità e integrità. Questo approccio si basa principalmente sulla fiducia in sé stessi e sulla conoscenza di ciò che attrae gli uomini. Ecco alcuni trucchi per sedurre un uomo e mantenere viva la fiamma della passione nella vostra relazione:

Siate sicure di voi stesse: la fiducia in sé stessi è una delle qualità più seducenti. Assicuratevi di sentirvi bene con voi stesse e di mettere in risalto i vostri punti di forza.

Siate autentiche: siate voi stesse e lasciate brillare la vostra personalità. Gli uomini sono attratti dalle donne autentiche e sincere.

Mostrate interesse per lui: fategli domande sulle sue passioni, i suoi interessi e la sua vita. Ascoltarlo attentamente e mostrare interesse per ciò che dice può rafforzare la vostra connessione.

Mostrate sensualità: la sensualità può essere un potente strumento di seduzione. Usate gesti dolci, sguardi languidi e tocchi sottili per risvegliare i suoi sensi; gli uomini sono molto sensibili a questi punti.

Create momenti speciali: organizzate appuntamenti romantici, fughe a sorpresa o serate speciali per creare ricordi indimenticabili insieme.

Mantenete viva la passione: non trascurate l'importanza dell'intimità fisica in una relazione. Prendetevi il tempo per connettervi fisicamente con il vostro partner ed esplorare insieme la vostra sensualità.

Mettendo in pratica questi trucchi, potete sedurre gli uomini e mantenere una relazione appassionata e soddisfacente.

2. L'arte del flirt

Il flirt è un modo divertente ed eccitante per mostrare al vostro partner che siete attratte da lui. È una forma di comunicazione non verbale che può rafforzare la connessione e creare un'atmosfera di leggerezza e gioco nella relazione.

Ecco alcuni consigli per padroneggiare l'arte del flirt:

Sorridete e mantenete il contatto visivo: un sorriso caloroso e uno sguardo prolungato possono inviare segnali sottili al vostro partner, mostrando il vostro interesse e la vostra attrazione.

Usate il tocco con parsimonia: tocchi leggeri e sottili possono suscitare brividi e intensificare la connessione. Sfiorate la sua mano, toccate la sua guancia o accarezzate il suo collo per creare una vicinanza fisica.

Siate giocose: un po' di scherzo può ravvivare la relazione e creare una piacevole tensione sessuale. Fate commenti giocosi o lanciate sfide divertenti per stimolare l'eccitazione.

Usate l'umorismo: ridere insieme può rafforzare il legame emotivo e creare un'atmosfera di complicità. Fate battute, raccontate storie divertenti o condividete momenti leggeri per creare una connessione autentica.

Siate misteriose: mantenete un po' di mistero per mantenere vivo l'interesse del vostro partner. Non rivelate subito tutto di voi stesse e lasciategli il desiderio di sapere di più.

Padroneggiando l'arte del flirt, potete creare una dinamica eccitante e appassionata nella vostra relazione, rafforzando così la connessione e il desiderio tra voi e il vostro partner.

Capitolo 5

La sessualità

La sessualità è un aspetto essenziale di ogni relazione amorosa. Va oltre la semplice soddisfazione dei bisogni fisici e gioca un ruolo cruciale nel rafforzare l'intimità e il legame emotivo tra i partner. È un motore fondamentale per favorire l'amore sia all'inizio che nel corso della relazione. Tuttavia, è essenziale mantenere un equilibrio in linea con i vostri valori e desideri su questo tema. Esploreremo come mantenere una vita sessuale appagante prima di esaminare i fantasmi maschili nel contesto delle relazioni amorose.

1. Come mantenere una vita sessuale appagante

Mantenere un equilibrio nella vita sessuale è essenziale per nutrire la connessione e la passione in una relazione. Ecco alcuni consigli per coltivare una vita sessuale appagante con il vostro partner:

Comunicazione aperta e onesta: la comunicazione è la chiave per una vita sessuale appagante. Parlate apertamente dei vostri desideri, fantasie e limiti con il vostro partner, e incoraggiatelo a fare altrettanto.

Esplorate la varietà: provate nuove posizioni, luoghi e scenari per ravvivare la vostra vita sessuale e mantenere l'eccitazione. La varietà può aiutare a prevenire la routine e rinfocolare la fiamma della passione.

Praticate la sensualità: prendetevi il tempo per connettervi emotivamente con il vostro partner prima di entrare nell'intimità fisica. Gestualità dolci, carezze tenere e parole gentili possono intensificare l'eccitazione e rafforzare il legame emotivo.

Siate spontanei: sorprendete il vostro partner con momenti di intimità spontanei e inaspettati. Un'escursione romantica improvvisata o una sessione di coccole appassionate possono ravvivare la fiamma della passione e creare ricordi indelebili insieme.

Dategli priorità al piacere reciproco: cercate di soddisfare i bisogni e i desideri del vostro partner così come i vostri. Esplorate cosa gli procura piacere e trovate modi per divertirvi insieme nell'intimità.

Stabilite i vostri limiti: fate attenzione a non andare troppo lontano o troppo in fretta se non lo desiderate. Stabilite i vostri limiti e assicuratevi che vengano rigorosamente rispettati. Non esitate a discutere di questo argomento con il vostro partner. Esprimetevi chiaramente sulle vostre aspettative, i vostri accordi e i vostri rifiuti. Assicuratevi che capisca bene che un no è un no e fate attenzione al rispetto del vostro ritmo.

Mettendo in pratica questi consigli, potrete coltivare una vita sessuale appagante che rafforza la connessione e l'intimità con il vostro partner, alimentando così una relazione soddisfacente e appagante.

2. Esplorare i fantasmi maschili

I fantasmi maschili fanno parte integrante della sessualità maschile e possono svolgere un ruolo importante nell'eccitazione e nel piacere. Esplorare i fantasmi del vostro partner può rafforzare la connessione e l'intimità nella relazione, creando uno spazio in cui potete aprirvi e esprimervi liberamente.

Per esplorare i fantasmi maschili del vostro partner, è importante creare un ambiente di fiducia e rispetto reciproco in cui si senta al sicuro per condividere i suoi desideri più profondi. Ecco alcuni consigli per affrontare questo delicato argomento:

Iniziate la conversazione: aprite la strada a una discussione sui fantasmi esprimendo il vostro interesse a esplorare nuovi territori nella vostra vita sessuale. Siate aperti e pronti ad accogliere i desideri e i fantasmi del vostro partner.

Siate attenti ai segnali: osservate le reazioni del vostro partner durante i momenti di intimità per individuare gli indizi dei suoi fantasmi. Sospiri, gesti e espressioni facciali possono darvi indicazioni su ciò che lo eccita.

Siate rispettosi: rispettate i limiti del vostro partner e non cercate mai di costringerlo a condividere fantasmi di cui non si sente a suo agio. Create uno spazio in cui si senta libero di esprimersi senza paura di giudizi o critiche.

Siate aperti mentalmente: mantenete la mente aperta e siate pronti ad esplorare nuovi territori nella vostra vita sessuale. Siate curiosi e entusiasti all'idea di scoprire i fantasmi del vostro partner e di integrarli nella vostra vita sessuale.

Siate pazienti e comprensivi: alcuni uomini possono avere difficoltà a confidarsi e ad esprimere i loro fantasmi, talvolta a causa di timidezza o di una certa vergogna. È importante non forzare il vostro partner. Lasciategli il tempo di guadagnare fiducia, e lui si aprirà gradualmente.

Non vi forzate: mostrate comprensione per i suoi desideri, ma non vi forzate se qualcosa non vi convince. In questo caso, è cruciale comunicarlo chiaramente, senza per questo mancare di rispetto nei suoi confronti.

Esplorando i fantasmi maschili del vostro partner, potrete rafforzare la connessione e l'intimità nella vostra relazione, creando uno spazio in cui potete crescere insieme sul piano sessuale in modo rispettoso per entrambi i membri della coppia.

Parti 2

Lo sviluppo della relazione

Capitolo 6

La complicità

La complicità è un elemento essenziale di ogni relazione amorosa riuscita. Essa crea un legame speciale tra i partner, rafforza la connessione emotiva e alimenta l'intimità. Vi propongo di vedere come creare momenti di complicità, prima di discutere delle tecniche per trovare interessi comuni in una relazione amorosa.

1. Creare momenti di complicità

I momenti di complicità sono istanti condivisi che rafforzano il legame emotivo e la complicità tra i partner. Possono essere semplici e ordinari, ma sono carichi di significato e di ricordi che nutrono la relazione. Ecco alcune modalità per creare momenti di complicità con il vostro partner:

Condividete attività: fate attività che entrambi apprezzate, che sia cucinare insieme, fare una passeggiata romantica o guardare un film sotto una coperta. Questi momenti di condivisione rafforzano il legame e creano ricordi preziosi.

Coltivate l'umorismo: ridete insieme, condividete battute e aneddoti divertenti. L'umorismo è un ottimo modo per creare un'atmosfera leggera e gioiosa nella relazione, rafforzando così la complicità tra i partner.

Siate attenti ai piccoli dettagli: mostrate al vostro partner che siete attenti alle sue necessità e desideri, prendendovi cura dei piccoli dettagli che contano per lui. Un gesto premuroso o una parola dolce possono rafforzare il legame emotivo e creare momenti di complicità.

Esprimete gratitudine: prendetevi il tempo di esprimere gratitudine per le piccole cose che il vostro partner fa per voi. Riconoscere e apprezzare gli sforzi dell'altro rafforza il legame e crea un senso di complicità nella relazione.

Create rituali speciali: stabilite rituali speciali che sono unici per la vostra relazione, come una cena romantica a lume di candela il venerdì sera o una passeggiata nel parco la domenica mattina. Questi rituali rafforzano la complicità e creano una struttura nella relazione.

Creando momenti di complicità con il vostro partner, nutrite la connessione emotiva e la complicità nella relazione, rafforzando così il legame che vi unisce.

2. Trovare interessi comuni

Avere interessi comuni è un elemento importante per sviluppare la complicità in una relazione. Ciò consente di condividere esperienze significative e di sviluppare ricordi comuni che rafforzano il legame tra i membri della coppia. Ecco alcune modalità per trovare interessi comuni con il vostro partner:

Esplorate nuovi interessi insieme: provate nuove attività o hobby insieme, che sia cucinare, fare escursioni, ballare o dipingere. L'esplorazione di nuovi interessi insieme rafforza la complicità e crea ricordi preziosi.

Partecipate insieme ad eventi sociali: partecipare a eventi sociali insieme, come serate tra amici, concerti o mostre, vi permette di condividere esperienze arricchenti e di scoprire nuovi orizzonti insieme.

Pianificate viaggi insieme: viaggiare insieme è un'ottima occasione per scoprire nuovi luoghi, condividere avventure e creare ricordi indimenticabili. Che si tratti di un weekend romantico in campagna o di un viaggio all'estero, i viaggi rafforzano la complicità nella relazione.

Condividete letture o film: condividere la lettura dello stesso libro o guardare lo stesso film insieme vi dà l'opportunità di discutere le vostre impressioni e condividere riflessioni. Questi scambi rafforzano la connessione emotiva e creano argomenti di discussione comuni.

Trovarsi interessi comuni con il vostro partner rafforza la complicità nella relazione, creando così un legame solido e duraturo che vi unisce.

Capitolo 7

La sorpresa

Sorprendere il proprio partner porta un tocco di freschezza ed eccitazione a qualsiasi relazione amorosa. Questa capacità alimenta la passione, rafforza il legame emotivo e crea ricordi indelebili. Vorrei ora discutere con voi dell'importanza della sorpresa nella relazione e proporre idee per sorprendere il vostro uomo.

1. L'importanza della sorpresa nella relazione

La sorpresa è un potente modo per ravvivare la fiamma della passione e mantenere l'eccitazione in una relazione. Dimostra al vostro partner che pensate a lui, vi preoccupate del suo benessere e siete disposte a investire tempo ed energia nella relazione. Ecco perché la sorpresa è così importante in una relazione:

Crea ricordi indelebili: i momenti di sorpresa sono spesso memorabili e lasciano un'impressione duratura nella mente del vostro partner. Che sia una fuga improvvisa per lui, un regalo inaspettato o una serata speciale, questi momenti diventano ricordi preziosi che condividerete insieme.

Rafforza il legame emotivo: le sorprese mostrano al vostro partner che siete attente ai suoi bisogni e desideri, rafforzando così il legame emotivo nella relazione. Creano un senso di complicità e intimità tra i partner, rafforzando il legame che li unisce.

Mantiene la passione: la sorpresa mantiene l'eccitazione nella relazione aggiungendo un tocco di incertezza e novità. Nutre la passione e stimola il desiderio, mantenendo l'interesse e l'impegno di entrambi i partner nella relazione.

Mostra il vostro amore e dedizione: le sorprese sono un modo tangibile per mostrare al vostro partner quanto lo amate e quanto vi preoccupate del suo benessere. Dimostrano il vostro impegno e dedizione alla relazione, rafforzando la fiducia e la sicurezza emotiva tra di voi.

Integrando la sorpresa nella vostra relazione, nutrite la passione, rafforzate il legame emotivo e create ricordi preziosi che dureranno per tutta la vita.

2. Idee per sorprendere il vostro uomo

Sorprendere il vostro uomo è un modo meraviglioso per mostrare il vostro amore e apprezzamento per lui. Ecco alcune idee per sorprendere il vostro uomo e ravvivare la fiamma della passione nella vostra relazione:

Organizzate una fuga romantica: pianificate una fuga a sorpresa in un luogo speciale che il vostro partner ama o in un posto che sogna di visitare. Che sia un weekend di evasione o una vacanza più lunga, questa sorpresa gli offrirà una pausa benvenuta e ricordi indimenticabili.

Preparate una cena romantica a casa: trasformate la vostra casa in un ristorante elegante preparando una cena romantica a lume di candela per il vostro uomo. Scegliete i suoi piatti preferiti, create un'atmosfera romantica con musica dolce e candele, e lasciatevi trasportare dalla magia della serata.

Fate un regalo inaspettato: sorprendete il vostro uomo con un regalo speciale che lo renderà felice. Che sia un oggetto che desidera da tempo, un libro che ama o un'esperienza unica come un corso di cucina o una degustazione di vini, questo gesto gli mostrerà quanto vi preoccupate per lui.

Organizzate un'attività emozionante: pianificate un'attività emozionante e inaspettata che esca dalla routine, come una giornata di avventura all'aria aperta, una sessione di karting o una serata in un club di danza. Questa sorpresa aggiungerà un tocco di adrenalina alla vostra relazione e rafforzerà la complicità tra di voi.

Sorprendendo il vostro uomo in modo creativo e premuroso, nutrite la passione, rafforzate il legame emotivo e create ricordi preziosi che rafforzeranno la vostra relazione negli anni a venire.

Capitolo 8

La fiducia

La fiducia è il pilastro fondamentale per forgiare una relazione solida e appagante. È impossibile costruire una relazione duratura e sana senza avere la profonda convinzione che puoi contare sul tuo partner e che lui può contare su di te. Vediamo l'importanza di costruire e mantenere la fiducia in una relazione, prima di affrontare i consigli per superare i tradimenti, se decidi di andare in questa direzione.

1. Come costruire e mantenere la fiducia in una relazione

La fiducia è un ingrediente essenziale per sviluppare una relazione. Crea un senso di sicurezza emotiva, favorisce l'apertura e la vulnerabilità, e rafforza il legame tra i partner. Ecco alcuni consigli per costruire e mantenere la fiducia nella tua relazione:

Sii onesta e trasparente: la trasparenza è la chiave della fiducia. Sii aperta e onesta nelle tue comunicazioni con il tuo partner, condividi i tuoi pensieri, sentimenti e preoccupazioni in modo sincero e autentico.

Rispetta i limiti e gli impegni: rispetta i limiti stabiliti dal tuo partner e mantieni i tuoi impegni. Sii affidabile e coerente nelle tue azioni, e dimostra di essere degna di fiducia attraverso i tuoi comportamenti quotidiani.

Mostra empatia e comprensione: dimostra al tuo partner che ti preoccupi dei suoi sentimenti e che sei lì per supportarlo nei momenti belli e brutti. Mostra empatia e comprensione verso le sue esperienze ed emozioni.

Comunica apertamente sui problemi: non avere paura di affrontare i problemi o le preoccupazioni che possono sorgere nella relazione. Comunica apertamente e rispettosamente su argomenti difficili, e cerca soluzioni insieme per superare gli ostacoli.

Impara a perdonare: impara a perdonare gli errori e i passi falsi, che siano tuoi o del tuo partner. Lascia andare i risentimenti e i rancori per avanzare insieme verso un futuro più luminoso. Ovviamente, questo dipende dalla natura e dalla gravità degli errori e dei passi falsi; ognuna di noi deve fissare i propri limiti in materia.

Coltivando un'atmosfera di fiducia e rispetto reciproco nella tua relazione, rafforzi il legame emotivo e crei uno spazio dove puoi prosperare insieme.

2. Superare i tradimenti

I tradimenti possono pesare gravemente su una relazione ed erodere la fiducia tra i partner. Tuttavia, con il tempo, la pazienza e l'impegno, è possibile superare questi eventi dolorosi e ricostruire la fiducia, se desideri impegnarti in questa direzione. Ecco alcuni consigli per superare i tradimenti nella tua relazione:

Identifica i problemi sottostanti: esplora le ragioni dietro i tradimenti per comprendere meglio le sfide che affronti come coppia. Identifica i modelli ricorrenti e le zone di attrito per lavorare insieme alla loro risoluzione.

Comunica apertamente e onestamente: apri la strada a una comunicazione aperta e onesta sui problemi che affliggono la tua relazione. Esprimi le tue preoccupazioni e i tuoi bisogni in modo rispettoso, e incoraggia il tuo partner a fare lo stesso.

Riconosci gli errori e prendi misure correttive: ognuno deve accettare di riconoscere sinceramente i propri errori e i torti causati al partner. Questa accettazione è un prerequisito necessario per risolvere il contenzioso prima di mettere in atto misure concrete per rettificare gli errori e ricostruire la fiducia attraverso azioni positive.

Mostra pazienza e comprensione: superare i tradimenti richiede tempo e richiede pazienza e comprensione. Sii pronta ad ascoltare le preoccupazioni del tuo partner, a concedergli il tempo necessario per guarire e a lavorare insieme per ricostruire la fiducia.

Consulta un professionista se necessario: se i problemi persistono nonostante i vostri sforzi per risolverli, considera di consultare un terapeuta o un consulente di coppia. Un professionista qualificato può aiutarti a esplorare i problemi sottostanti e a trovare soluzioni per ricostruire la fiducia nella tua relazione.

Lavorando insieme con il tuo partner per superare i tradimenti, rafforzi la fiducia e il legame nella tua relazione, creando così un legame solido e duraturo che vi unisce. La scelta di superare i tradimenti appartiene ovviamente a ciascuna di noi e può variare in base alle nostre sensibilità e alla gravità del tradimento.

Capitolo 9

L'indipendenza

Nella nostra ricerca per far innamorare un uomo, coltivare la nostra indipendenza costituisce un prezioso vantaggio. Coltivare il proprio spazio nella relazione permette a ciascun partner di mantenere la propria identità personale e di realizzarsi individualmente, il che è attraente per l'altra persona. Inoltre, bilanciare la vita personale e la vita amorosa mostra la capacità di gestire le diverse sfere della propria vita in modo equilibrato, cosa che può essere molto seducente per una donna. Vi propongo di discutere l'importanza di coltivare la vostra indipendenza in una relazione, prima di esaminare consigli pratici per mantenere questa dinamica rafforzando al contempo l'attrazione e la connessione con il vostro partner.

1. Coltivare il proprio spazio nella relazione

Coltivare il proprio spazio nella relazione significa preservare la propria identità personale, i propri interessi e bisogni individuali pur essendo impegnati nella relazione. Questo aiuta a mantenere un equilibrio sano tra la vita individuale e la vita di coppia. Ecco alcuni consigli per coltivare il proprio spazio nella vostra relazione:

Definite dei limiti chiari riguardo al vostro spazio personale, alle vostre attività e al vostro tempo libero.

Seguite i vostri interessi individuali anche quando siete impegnate in una relazione.

Mantenete amicizie al di fuori della coppia e dedicate tempo a coltivare queste importanti relazioni.

Concedetevi del tempo per rigenerarvi e ritrovarvi.

Assicuratevi di essere indipendenti finanziariamente e in grado di provvedere ai vostri bisogni.

Coltivando il vostro spazio nella relazione, rafforzate la vostra identità personale, favorite il vostro sviluppo individuale e mantenete un equilibrio sano tra la vita personale e quella amorosa.

2. Bilanciare la vita personale e la vita amorosa

Trovare un giusto equilibrio tra la vita personale e la vita amorosa è essenziale per mantenere una relazione sana e soddisfacente. Questo implica trovare un giusto equilibrio tra le esigenze della vita quotidiana, i bisogni individuali e gli impegni relazionali. Ecco alcuni consigli per raggiungere questa armonia:

Pianificate del tempo di qualità con il vostro partner per nutrire la relazione e rafforzare la connessione emotiva.

Siate pronte a fare compromessi e a essere flessibili nel vostro programma per rispondere ai bisogni del vostro partner.

Esprimete i vostri bisogni e le vostre aspettative riguardo al tempo e all'attenzione nella relazione.

Concedetevi del tempo per voi stesse per rigenerarvi e ritrovarvi.

Assicuratevi di mantenere un equilibrio sano tra vita professionale e vita personale per evitare stress ed esaurimento.

Bilanciando vita personale e vita amorosa, create un ambiente armonioso dove potete crescere individualmente e insieme nella vostra relazione.

Capitolo 10

La pazienza e la tolleranza

La pazienza e la tolleranza sono qualità essenziali per ogni relazione amorosa duratura e appagante. Implicano comprendere che ogni relazione evolve al proprio ritmo e dimostrano l'accettazione dei difetti e delle differenze del proprio partner. Vi propongo di analizzare l'importanza della pazienza e della tolleranza in una relazione, prima di esaminare alcuni consigli su come coltivare questi elementi.

1. L'importanza della pazienza e della tolleranza in una relazione amorosa

Ogni relazione è unica e evolve al proprio ritmo. È importante riconoscere che le fasi della relazione, le sfide e i successi possono variare da una coppia all'altra. Ecco alcuni punti da tenere a mente per comprendere che ogni relazione evolve al proprio ritmo con le proprie caratteristiche:

Rispettare il tempo necessario: siate pazienti e rispettate il tempo necessario affinché la vostra relazione si sviluppi e fiorisca. Evitate di paragonare la vostra relazione a quella degli altri e concentratevi su ciò che funziona per voi e il vostro partner.

Comunicate apertamente le vostre aspettative: esprimete le vostre aspettative e i vostri desideri riguardo alla relazione, ma siate anche aperti ad ascoltare quelli del vostro partner. Trovate un terreno comune su come desiderate far evolvere la vostra relazione e rispettate i ritmi di ciascuno.

Coltivate la pazienza nei momenti difficili: le relazioni attraversano alti e bassi, ed è importante essere pazienti nei momenti difficili. Dimostrate comprensione, sostegno ed empatia verso il vostro partner, e cercate soluzioni insieme per superare gli ostacoli.

Siate consapevoli delle diverse fasi della relazione: ogni relazione attraversa diverse fasi, dallo stadio della scoperta a quello dell'impegno a lungo termine. Siate consapevoli di queste fasi e adeguate le vostre aspettative di conseguenza per permettere alla vostra relazione di svilupparsi naturalmente.

Comprendendo che ogni relazione evolve al proprio ritmo, coltiverete la pazienza necessaria per permettere alla vostra relazione di fiorire e crescere in modo autentico.

2. Accettare i difetti del partner e gestire le differenze

Accettare i difetti del partner e gestire le differenze è un aspetto importante della pazienza e della tolleranza in una relazione. Ecco alcuni consigli per riuscirci:

Praticate la gentilezza e la comprensione: dimostrate gentilezza verso il vostro partner e accettatelo per quello che è, con i suoi punti di forza e di debolezza. Cercate di comprendere le sue motivazioni e i suoi comportamenti piuttosto che giudicarlo.

Comunicate apertamente le vostre differenze: parlate apertamente delle vostre differenze con il vostro partner e cercate compromessi che vi permettano di vivere in armonia nonostante queste divergenze. Siate aperti alla discussione e al compromesso per trovare soluzioni che vadano bene per entrambi.

Celebrate le qualità del vostro partner: apprezzate le qualità del vostro partner e mettete in evidenza ciò che vi attrae di lui. Celebrate i suoi successi e sostenetelo nei suoi sforzi per migliorarsi e crescere come persona.

Siate pazienti nei momenti di conflitto: le differenze possono talvolta portare a disaccordi e conflitti. In questi momenti, dimostrate pazienza e tolleranza verso il vostro partner, e cercate soluzioni pacifiche e costruttive per risolvere i conflitti.

Accettando i difetti del vostro partner e gestendo le differenze, rafforzerete la tolleranza e la comprensione nella vostra relazione, creando così un ambiente dove potrete crescere insieme nonostante le imperfezioni. Questo approccio, tuttavia, non deve essere unilaterale. Anche il vostro partner deve adottarlo.

Capitolo 11

L'empatia

L'empatia è una qualità preziosa in ogni relazione amorosa. Essa implica la capacità di mettersi nei panni del proprio partner, comprendere le sue emozioni e prospettive, e rispondere con compassione e sostegno. Vi propongo di esaminare l'importanza di mettersi nei panni del proprio partner, prima di evidenziare l'importanza della comprensione reciproca.

1. Mettersi nei panni del proprio partner

Mettersi nei panni del proprio partner è una competenza essenziale per favorire una connessione emotiva profonda e una comunicazione aperta nella vostra relazione. Questo implica essere attente alle emozioni e ai bisogni del proprio partner, e rispondere con sensibilità e comprensione. Ecco alcuni consigli per sviluppare la vostra empatia nella relazione:

Ascoltare attivamente: essere attente quando il proprio partner parla e ascoltare attivamente ciò che dice. Mostrare interesse per i suoi pensieri, sentimenti ed esperienze, e cercare di comprendere la sua prospettiva senza giudizio o critica.

Convalidare le emozioni del proprio partner: riconoscere e convalidare le emozioni del proprio partner è essenziale per favorire un' autentica connessione emotiva. Esprimere il proprio sostegno e comprensione per ciò che prova, anche se non si condivide necessariamente il suo punto di vista.

Mettersi nei suoi panni: cercare di mettersi nei panni del proprio partner immaginando ciò che prova e considerando le cose dal suo punto di vista. Questa pratica aiuta a sviluppare l'empatia e a comprendere meglio le sue motivazioni e i suoi bisogni.

Offrire sostegno e compassione: mostrare al proprio partner che ci si preoccupa per lui offrendo sostegno e compassione nei momenti difficili. Essere presenti per lui, offrire una spalla su cui appoggiarsi e fornire aiuto se necessario.

Comunicare apertamente le proprie emozioni: condividere le proprie emozioni con il proprio partner e aprire la strada a una comunicazione emotiva sincera e autentica. Ciò crea uno spazio in cui ci si può sostenere reciprocamente e rafforzare la connessione emotiva.

Mettendosi nei panni del proprio partner, si coltiva l'empatia necessaria per nutrire una relazione profonda e significativa, basata sulla comprensione reciproca e il sostegno incondizionato.

2. L'importanza della comprensione reciproca

La comprensione reciproca è il fondamento di una relazione forte e equilibrata. Essa implica condividere esperienze, emozioni e prospettive con il proprio partner, e lavorare insieme per affrontare le sfide e superare gli ostacoli. Ecco perché la comprensione reciproca è così importante in una relazione:

Favorisce una comunicazione aperta e onesta: la comprensione reciproca crea un ambiente in cui è possibile comunicare apertamente e onestamente con il proprio partner. Ci si sente al sicuro nel condividere pensieri, sentimenti e preoccupazioni senza paura di essere giudicati o respinti.

Rafforza la connessione emotiva: condividendo esperienze ed emozioni con il proprio partner, si rafforza la connessione emotiva nella relazione. Ci si sente compresi e sostenuti, il che nutre la fiducia e la sicurezza emotiva tra voi.

Permette di affrontare conflitti e sfide: capendo le motivazioni e le prospettive del proprio partner, si è meglio attrezzati per risolvere i conflitti e superare le sfide insieme. Si cercano soluzioni che soddisfino entrambi e si trovano compromessi che rafforzano la relazione.

Favorisce un sostegno reciproco: la comprensione reciproca crea un ambiente in cui ci si sostiene a vicenda nei momenti belli e brutti. Si è lì l'uno per l'altro, offrendo sostegno e incoraggiamento quando necessario.

Cultivando l'empatia e la comprensione reciproca nella vostra relazione, create un legame solido e duraturo basato sul rispetto, sulla fiducia e sul sostegno incondizionato.

54

Capitolo 12

Il romanticismo quotidiano

Il romanticismo quotidiano è la chiave per mantenere la passione e l'intimità in una relazione a lungo termine. Implica coltivare gesti semplici ma significativi per alimentare la fiamma dell'amore e creare un'atmosfera romantica che nutre il legame emotivo tra i partner. Passerò in rassegna alcuni gesti semplici per mantenere il romanticismo e proporrò idee per creare un'atmosfera romantica nella vostra relazione.

1. Gesti semplici per mantenere il romanticismo

Mantenere viva la fiamma del romanticismo nella vostra relazione non richiede sempre gesti grandiosi o costosi. A volte sono i gesti semplici e premurosi che hanno il maggiore impatto. Ecco alcune idee per mantenere viva la fiamma del romanticismo ogni giorno:

Scambiatevi messaggi dolci: mandatevi messaggi dolci e affettuosi durante il giorno per mostrare al vostro partner che state pensando a lui. Che sia un semplice "ti amo" o un complimento sincero, questi piccoli gesti rafforzano il legame emotivo tra di voi.

Fate piccole attenzioni: sorprendete il vostro partner con piccole attenzioni, come preparare il caffè al mattino, un piccolo regalo senza motivo particolare o un bacio inaspettato. Questi gesti mostrano al vostro partner che vi preoccupate per lui e che apprezzate la sua presenza nella vostra vita.

Date improvvisate: le date improvvisate aiutano a rompere la routine quotidiana e ravvivano la fiamma della passione. Che sia una passeggiata romantica, un picnic improvvisato o una serata sotto le stelle, questi momenti speciali rafforzano la vostra connessione come coppia.

Esprimete gratitudine: esprimete gratitudine al vostro partner per le piccole cose che fa ogni giorno. Ringraziatelo per il suo sostegno, il suo amore e il suo impegno nella relazione, e mostrategli quanto siete grati di averlo nella vostra vita.

Create ricordi insieme: fate attività insieme che creano ricordi preziosi, come cucinare insieme, fare un'escursione di un giorno o guardare un tramonto. Questi momenti rafforzano i legami che vi uniscono e nutrono la vostra connessione emotiva.

Coltivando gesti semplici per mantenere viva la fiamma del romanticismo ogni giorno, rafforzate la passione e l'intimità nella vostra relazione, creando un legame solido e duraturo con il vostro partner.

2. Creare un'atmosfera romantica

Creare un'atmosfera romantica nella vostra relazione può aiutare a ravvivare la fiamma dell'amore e nutrire la connessione emotiva con il vostro partner. Ecco alcune idee per creare un'atmosfera romantica nella vostra relazione:

Crea uno spazio romantico a casa: create uno spazio romantico a casa accendendo candele profumate, mettendo musica dolce e disponendo cuscini confortevoli. Questo crea un'atmosfera calda e intima dove potete rilassarvi e connettervi.

Pianificate serate romantiche: organizzate serate romantiche a casa, come una cena a lume di candela o una serata cinema sotto le stelle. Scegliete attività che favoriscono l'intimità e la condivisione, e create ricordi preziosi insieme.

Organizzate fughe romantiche: pianificate fughe romantiche per sfuggire alla routine quotidiana e trascorrere del tempo di qualità insieme. Che sia un weekend in una baita isolata, una fuga al mare o una visita in una città storica, questi momenti speciali rafforzano il vostro legame come coppia.

Coltivate un'atmosfera sensuale: create un'atmosfera sensuale usando profumi avvolgenti, oli da massaggio e petali di rosa per stimolare i sensi e risvegliare la passione. Prendetevi il tempo di connettervi emotivamente e fisicamente con il vostro partner.

Creando un'atmosfera romantica nella vostra relazione, nutrite la passione e l'intimità, e create un ambiente favorevole all'amore e alla connessione emotiva.

Capitolo 13

Prevenzione e gestione dei conflitti

La gestione dei conflitti è una competenza essenziale in ogni relazione amorosa. Implica la capacità di risolvere i disaccordi in modo costruttivo, evitando le trappole di una disputa che potrebbero danneggiare la salute della relazione. Vi propongo di vedere come prevenire i conflitti, prima di affrontare strategie per risolverli ed evitare gli errori da evitare.

1. Come prevenire i conflitti

La risoluzione efficace dei problemi può contribuire a prevenire i conflitti identificando e affrontando i problemi sottostanti in modo proattivo. Ecco alcuni consigli per evitare i conflitti attraverso la risoluzione dei problemi ricorrenti:

Comunicate precocemente e frequentemente: risolvete i problemi non appena si presentano anziché lasciarli accumulare e diventare fonti di conflitto. Praticate una comunicazione aperta e regolare per risolvere i problemi man mano che si presentano.

Identificate i modelli di conflitto: state attente ai modelli ricorrenti di conflitto nella vostra relazione e cercate di capire i motivi sottostanti che li alimentano. Identificate i trigger e i fattori contributivi per anticipare e gestire meglio i conflitti in futuro.

Troverete soluzioni durature: lavorando insieme per risolvere i problemi, cercate soluzioni che affrontino le cause profonde dei conflitti invece di limitarvi a trattare i sintomi. Affrontando i problemi in modo proattivo, potete evitare che diventino fonti ricorrenti di conflitto.

Cultivate la comprensione reciproca: cercate di comprendere le prospettive e le motivazioni del vostro partner, anche quando siete in disaccordo. Praticate l'empatia e la tolleranza per apprezzare meglio le differenze e le sfumature nella vostra relazione.

Utilizzando la risoluzione dei problemi come strumento per prevenire i conflitti ricorrenti, potete rafforzare la salute della vostra relazione e promuovere una comunicazione aperta e armoniosa.

2. Strategie per risolvere i conflitti in modo costruttivo

Utilizzando queste strategie, potete affrontare i conflitti in modo costruttivo per raggiungere una soluzione soddisfacente e rafforzare la salute della vostra relazione:

Gestite le vostre emozioni: imparate a gestire le vostre emozioni durante i conflitti prendendo le distanze e concentrandovi sulla risoluzione del problema piuttosto che sulla reazione emotiva. Respirate profondamente, prendetevi il tempo per calmare e esprimere i vostri sentimenti in modo costruttivo.

Identificate il conflitto e le sue cause: prendetevi il tempo di identificare chiaramente il conflitto e le sue cause sottostanti. Assicuratevi che voi e il vostro partner capiate entrambi ciò che sta causando il problema prima di iniziare a cercare soluzioni.

Comunicate in modo costruttivo: affrontate il problema con una comunicazione aperta e costruttiva. Evitate accuse e critiche e concentratevi invece sulla ricerca di soluzioni insieme.

Ascoltate attivamente: ascoltate attivamente il punto di vista del vostro partner e mostrategli di capire le sue preoccupazioni. Siate aperti alle sue idee e proposte per risolvere il problema.

Generare soluzioni: riflettete insieme su soluzioni potenziali al problema ed esaminate i pro e i contro di ciascuna. Cercate compromessi che soddisfino i bisogni e le preoccupazioni di entrambi. Evitate posizioni rigide e adottate un approccio collaborativo per risolvere i problemi in modo mutuamente soddisfacente.

Scegliete una soluzione: una volta identificate diverse soluzioni possibili, scegliete quella che sembra più fattibile e che meglio soddisfa i bisogni di entrambe le parti. Siate pronti a compromessi per raggiungere un accordo mutuamente accettabile.

Attuate la soluzione: attuate la soluzione scelta e monitoratene l'evoluzione nel tempo. Siate pronte a modificare il vostro approccio se necessario e a riesaminare il problema se le soluzioni iniziali non funzionano come previsto.

Utilizzando queste tecniche per risolvere i disaccordi in modo costruttivo, rafforzate la fiducia e la connessione nella vostra relazione e stabilite basi solide per superare le sfide insieme.

3. Evitare le trappole

Nella gestione dei conflitti, è importante evitare alcune trappole che possono aggravare la situazione e danneggiare la salute della relazione. Ecco alcune trappole comuni da evitare durante la risoluzione dei conflitti:

Critiche e colpevolizzazione: evitate di criticare o colpevolizzare il vostro partner. Concentratevi sui comportamenti specifici e sui problemi da risolvere in modo costruttivo.

Disprezzo e sarcasmo: evitate comportamenti sprezzanti o sarcastici che minano il rispetto reciproco nella relazione. Siate rispettose verso il vostro partner, anche quando siete in disaccordo, e esprimetevi in modo rispettoso.

Muro del silenzio: evitate di ritirarvi emotivamente o di rifiutarvi di partecipare alla risoluzione del conflitto. Restate impegnate nella conversazione e cercate soluzioni insieme.

Generalizzazioni e attacchi personali: concentratevi sui problemi specifici da risolvere e evitate attacchi personali.

Cercare di vincere: la risoluzione dei conflitti non è una competizione, ma piuttosto una collaborazione per trovare soluzioni che benefici entrambi.

Evitando queste trappole, promuovete una risoluzione dei conflitti più costruttiva e armoniosa, rafforzando la salute e la stabilità della vostra relazione a lungo termine.

Capitolo 14

La presa di decisioni insieme

La presa di decisioni insieme è una componente essenziale di ogni relazione amorosa. Implica la capacità di prendere decisioni di coppia in modo collaborativo, tenendo conto dei bisogni, delle opinioni e delle preferenze di entrambi. Descriverò come prendere decisioni di coppia e offrirò consigli per trovare compromessi soddisfacenti.

1. Come prendere decisioni di coppia

Prendere decisioni insieme può essere a volte una sfida, soprattutto quando le opinioni e le preferenze dei partner sono diverse. Ecco alcuni consigli per prendere decisioni insieme in modo efficace e armonioso:

Comunicazione aperta e onesta: aprite la via a una comunicazione aperta e onesta discutendo delle decisioni da prendere con il vostro partner. Esprimete le vostre opinioni, preoccupazioni e preferenze in modo rispettoso, e ascoltate attivamente quelle del vostro partner.

Ascolto dei bisogni di entrambi: siate attente ai bisogni, desideri e preoccupazioni di entrambi quando prendete decisioni insieme. Dedicate del tempo ad ascoltare attivamente ciò che il vostro partner ha da dire e cercate soluzioni che soddisfino i bisogni di entrambi.

Valutazione delle opzioni disponibili: esaminate tutte le opzioni disponibili prima di prendere una decisione, tenendo conto dei pro e dei contro di ciascuna opzione. Esplorate insieme le diverse possibilità e considerate le conseguenze a breve e lungo termine di ogni scelta.

Trovare un compromesso: cercate soluzioni che siano soddisfacenti per entrambi, trovando un punto d'incontro e facendo compromessi. Siate pronte a fare delle concessioni e a trovare compromessi che rispettino i bisogni e le preferenze di entrambi.

Prendetevi il tempo per riflettere: non affrettate le decisioni importanti, ma prendetevi il tempo di riflettere e valutare tutte le opzioni disponibili. Consultate il vostro partner e prendete la decisione insieme una volta esaminate tutte le informazioni rilevanti e quando entrambi vi sentite a vostro agio con la decisione.

Prendendo decisioni di coppia in modo collaborativo, rafforzate la fiducia, la comprensione e il legame nella vostra relazione, promuovendo una presa di decisione più armoniosa e soddisfacente per entrambi.

2. Trovare compromessi soddisfacenti

Trovare compromessi soddisfacenti è essenziale per mantenere l'armonia e l'equilibrio in una relazione. Ecco alcuni consigli per trovare compromessi soddisfacenti quando prendete decisioni insieme:

Flessibilità: siate aperte alla flessibilità e all'adattabilità quando cercate compromessi con il vostro partner. Siate pronte a considerare diverse opzioni e a trovare soluzioni che soddisfino i bisogni e le preferenze di entrambi.

Cercare soluzioni vantaggiose per entrambi: cercate soluzioni che siano vantaggiose per voi due trovando un terreno comune che risponda ai bisogni e alle preoccupazioni di entrambi. Evitate compromessi che lasciano insoddisfatto uno dei partner e cercate soluzioni vantaggiose per entrambi che rafforzino la vostra relazione.

Priorità a valori comuni e obiettivi: identificate i valori e gli obiettivi comuni che guidano le vostre decisioni come coppia, e utilizzateli come guida per trovare compromessi soddisfacenti. Concentrandovi su ciò che vi unisce, rafforzate il vostro legame e il vostro impegno reciproco nella presa di decisioni.

Rispetto reciproco: rispettate le opinioni, le preferenze e i bisogni del vostro partner durante la ricerca di compromessi. Evitate comportamenti denigratori o sarcastici e trattate il vostro partner con rispetto e considerazione durante tutto il processo decisionale.

Creatività nella ricerca di soluzioni: esplorate diverse opzioni e considerate compromessi creativi che soddisfino i bisogni di entrambi. Siate aperte a pensare in modo innovativo e a trovare soluzioni uniche che rafforzino la vostra relazione e favoriscano una presa di decisione collaborativa.

Trovando compromessi soddisfacenti insieme, rafforzate la fiducia, la comprensione e il legame nella vostra relazione, promuovendo una presa di decisione più armoniosa e soddisfacente per entrambi.

Capitolo 15

L'umorismo

L'humour è un elemento essenziale in ogni relazione amorosa. Porta leggerezza, complicità e gioia nella quotidianità dei partner. Ora parlerò dell'importanza dell'humour in una relazione prima di offrire consigli su come sviluppare un senso dell'humour comune.

1. L'importanza dell'humour in una relazione

L'humour gioca un ruolo cruciale nel mantenere una relazione sana e appagante. Ecco alcune ragioni per cui l'humour è così importante in una relazione:

Favorisce la complicità: l'humour crea complicità condividendo momenti di risate e leggerezza. Rinforza i legami emotivi e promuove un senso di connessione profonda.

Allevia le tensioni: l'humour è un ottimo modo per alleggerire le tensioni e smorzare i conflitti. Ridendo insieme, i partner possono affrontare i problemi con una prospettiva più positiva e costruttiva.

Rafforza l'intimità: ridere insieme crea preziosi ricordi e rafforza l'intimità. Condividere momenti di risate e divertimento sviluppa fiducia e complicità nella relazione.

Migliora la comunicazione: l'humour facilita la comunicazione rendendo le conversazioni più leggere e piacevoli. Favorisce l'apertura e la spontaneità, promuovendo una comunicazione più autentica e sincera.

Fornisce piacere e felicità: l'humour porta piacere e felicità nella vita quotidiana della coppia. Ridere insieme crea un'atmosfera positiva e gioiosa, contribuendo a rafforzare il benessere emotivo e mentale di entrambi.

Coltivando un senso dell'humour comune, è possibile arricchire la vostra relazione e creare un legame più forte e duraturo basato sulla complicità, il divertimento e la gioia.

2. Come sviluppare un senso dell'humour comune

Sviluppare un senso dell'humour comune nella vostra relazione può contribuire a rafforzare la complicità e arricchire la connessione con il vostro partner. Ecco alcuni consigli per promuovere un senso dell'humour comune:

Condividete momenti di risate: cercate occasioni per ridere insieme condividendo barzellette, aneddoti divertenti o ricordi esilaranti. Ridere insieme crea ricordi preziosi e rafforza la complicità.

Apprezzate il lato giocoso della vita: adottate un atteggiamento giocoso e leggero verso la vita e le sfide quotidiane. Trovate l'humour nelle situazioni quotidiane e incoraggiatevi reciprocamente a non prendere troppo sul serio le cose.

Esplorate diversi tipi di humour: scoprite i vari tipi di humour che vi fanno ridere, che sia sarcasmo, ironia, humour assurdo o giochi di parole. Esplorate insieme ciò che vi fa ridere e trovate modi per integrarlo nella vostra relazione.

Create rituali umoristici: create rituali umoristici come guardare insieme una commedia, giocare a giochi da tavolo divertenti o condividere meme e video divertenti. Questi rituali rafforzano la complicità e creano momenti di risate e piacere condiviso.

Siate aperti all'autodeprecamento: imparate a ridere di voi stessi e ad essere autoironici quando è appropriato. L'autodeprecamento mostra una certa umiltà e apre la strada a momenti di risate e complicità con il vostro partner.

Coltivando un senso dell'humour comune, rafforzate la complicità e la connessione nella vostra relazione, creando un legame più solido e duraturo basato sul divertimento, la gioia e la leggerezza.

Capitolo 16

L'impegno

L'impegno è un pilastro fondamentale di qualsiasi relazione seria e duratura. Implica la volontà reciproca di investire emotivamente, mentalmente e talvolta anche legalmente nella relazione. Vi propongo di vedere come prepararsi a impegnarsi in una relazione seria. Successivamente indicherò dei consigli per riconoscere i segni che il vostro uomo è pronto a impegnarsi.

1. Prepararsi a impegnarsi in una relazione seria

Impegnarsi in una relazione seria richiede una riflessione significativa e una preparazione mentale. Ecco alcuni punti da considerare per prepararsi in questa prospettiva:

Clarificate le vostre intenzioni: prima di impegnarvi in una relazione seria, prendetevi il tempo di chiarire le vostre intenzioni e le vostre aspettative verso la relazione. Riflettete su ciò che cercate in una relazione a lungo termine e assicuratevi che i vostri valori e obiettivi siano allineati.

Lavorate su voi stesse: dedicate tempo ed energia per lavorare su voi stesse e sviluppare una comprensione profonda dei vostri bisogni, desideri e limiti in una relazione. Imparate a conoscervi e ad accettarvi, e siate pronte a fare compromessi per il bene della relazione.

Comunicate apertamente: stabilite una comunicazione aperta e onesta fin dall'inizio della relazione. Esprimete chiaramente e rispettosamente le vostre intenzioni e aspettative, e incoraggiate il vostro partner a fare altrettanto.

Siate pronte a impegnarvi emotivamente: l'impegno in una relazione seria implica un'apertura emotiva e una vulnerabilità. Siate pronte a condividere le vostre emozioni, pensieri e sentimenti, e a costruire un legame emotivo profondo e significativo.

Valutate la compatibilità: assicuratevi di essere compatibili su livello emotivo, mentale, e talvolta anche finanziario e familiare. Cercate valori comuni, obiettivi simili e una visione condivisa per il futuro per garantire una base solida per il vostro impegno.

Preparandovi adeguatamente, aumentate le possibilità di costruire una relazione duratura e appagante.

2. I segni che mostrano che il vostro uomo è pronto a impegnarsi

Riconoscere i segni che il vostro uomo è pronto a impegnarsi in una relazione seria può aiutarvi a prendere decisioni informate riguardo al vostro impegno. Ecco alcuni segni da tenere d'occhio:

Vi include nei suoi progetti futuri: il vostro uomo parla di includervi nei suoi piani futuri, sia parlando di vacanze insieme, considerando di vivere insieme o discutendo di progetti a lungo termine come matrimonio o genitorialità.

Condivide le sue emozioni e pensieri con voi: il vostro uomo si mostra aperto e vulnerabile condividendo le sue emozioni, pensieri e preoccupazioni con voi. Cerca il vostro sostegno e comprensione, creando così uno spazio di fiducia e connessione emotiva tra voi.

Vi presenta alla sua famiglia e ai suoi amici: il vostro uomo vi presenta alla sua famiglia e ai suoi amici più stretti, integrandovi così nella sua sfera sociale e familiare. Questo dimostra che considera la vostra relazione come seria e duratura, e vuole includervi nella sua vita quotidiana.

Considera i vostri bisogni e desideri: il vostro uomo si preoccupa dei vostri bisogni e desideri, cercando attivamente di soddisfarli. Prende in considerazione le vostre opinioni e preferenze, lavorando per creare un ambiente in cui vi sentite amate e rispettate.

È pronto a fare compromessi per voi: il vostro uomo è disposto a fare compromessi e sacrifici per il bene della relazione. Cerca soluzioni che siano soddisfacenti per entrambi, anche se ciò significa fare compromessi o uscire dalla sua zona di comfort.

Riconoscendo questi segni, potete valutare se il vostro uomo è pronto a impegnarsi in una relazione seria e prendere decisioni informate riguardo al futuro della vostra relazione.

Parti 3

Approfondimento

Capitolo 17

La passione

La passion è un elemento vitale di ogni relazione amorosa, portando vitalità, energia e connessione profonda tra i partner. Ora descriverò come mantenere la passione in una relazione a lungo termine e darò consigli su come ravvivare la fiamma quando necessario.

1. Mantenere la passione in una relazione a lungo termine

Mantenere la passione in una relazione a lungo termine richiede impegno continuo e attenzione particolare. Ecco alcuni punti da considerare per nutrire e mantenere la passione nella vostra relazione:

Prioritizzare l'intimità emotiva: coltivate un legame emotivo profondo condividendo i vostri sentimenti, desideri e sogni più profondi. La comunicazione aperta e sincera rafforza il legame tra i partner e ravviva la passione.

Investire nella romantica: continuate a coltivare la romantica pianificando appuntamenti romantici, scambiandovi gesti d'affetto ed esprimendo il vostro amore regolarmente. La romantica alimenta la passione e mantiene viva la scintilla dell'amore nella vostra relazione.

Esplorare nuove esperienze insieme: uscite dalla vostra zona di comfort esplorando nuove esperienze insieme. Che si tratti di viaggiare in un luogo esotico, provare nuove attività o condividere avventure spontanee, queste esperienze rafforzano il legame e ravvivano la passione.

Mantenere una vita sessuale appagante: date importanza alla vostra vita sessuale esplorando nuovi piaceri, comunicando apertamente i vostri desideri e ponendo la soddisfazione reciproca come una priorità. Una vita sessuale appagante rafforza l'intimità fisica e nutre la passione nella coppia.

Cultivare ammirazione e rispetto reciproci: apprezzate e rispettate le qualità del vostro partner, e esprimete la vostra ammirazione regolarmente. Sentirsi apprezzati e valorizzati nutre la passione e rafforza il legame con il vostro partner.

Prestare particolare attenzione a questi aspetti vi permetterà di mantenere la passione nel lungo termine e di mantenere una connessione profonda e appagante con il vostro partner.

2. Consigli per ravvivare la fiamma

A volte la passione può affievolirsi, ma è possibile ravvivarla con un po' di impegno e creatività. Ecco alcuni consigli per ravvivare la passione nella vostra coppia:

Pianificate fughe romantiche: organizzate fughe romantiche per sfuggire alla routine quotidiana e ravvivare la passione. Che si tratti di un weekend in un luogo pittoresco, una fuga al mare o un ritiro romantico, questi momenti speciali rafforzano la connessione tra i partner.

Esplorate nuovi fantasie e desideri: apritevi all'esplorazione di nuove fantasie e desideri con il vostro partner, creando uno spazio di fiducia e intimità dove potete condividere i vostri pensieri più intimi. L'esplorazione reciproca dei desideri sessuali ravviva la passione e rafforza la connessione fisica con il vostro partner.

Riconnettetevi emotivamente: prendetevi il tempo per riconnettervi emotivamente con il vostro partner condividendo sentimenti, esperienze e ricordi insieme. La condivisione di momenti intimi rafforza la connessione emotiva e ravviva la passione.

Praticate gratitudine e apprezzamento: esprimete gratitudine e apprezzamento verso il vostro partner per le piccole cose che fa ogni giorno. Prendetevi il tempo per riconoscere e valorizzare le sue qualità, il che nutre la passione e rafforza il legame tra voi due.

Trovate del tempo per voi due: date priorità al tempo di qualità insieme disconnettendovi dalle distrazioni esterne e concentrandovi pienamente sulla vostra relazione. Create momenti speciali in cui potete ritrovarvi e connettervi in intimità, ciò che ravviva la passione e rafforza il vostro legame.

Mettere in pratica questi consigli vi permetterà di ravvivare la fiamma della passione e mantenere una connessione profonda e appagante con il vostro partner per gli anni a venire.

Capitolo 18

I gesti d'affetto

I gesti d'affetto sono le pietre angolari di ogni relazione amorosa, poiché esprimono amore, apprezzamento e connessione tra i partner. Propongo di discutere dell'importanza delle piccole attenzioni in una relazione prima di menzionare modi originali per mostrare il tuo affetto.

1. L'importanza delle piccole attenzioni in una relazione

Le piccole attenzioni sono spesso le più significative in una relazione, poiché testimoniano l'impegno, l'amore e il rispetto tra i partner. Ecco alcune ragioni per cui i gesti d'affetto sono così importanti:

Esprimono amore e apprezzamento: i gesti d'affetto esprimono l'amore e l'apprezzamento che si prova, rafforzando così il legame emotivo nella coppia.

Promuovono complicità e vicinanza: le piccole attenzioni rafforzano il legame emotivo creando un senso di vicinanza e complicità.

Creano un ambiente di fiducia: i gesti d'affetto creano un ambiente di fiducia e sicurezza nella relazione, facendo sentire i partner amati e valorizzati.

Contribuiscono al benessere emotivo: le piccole attenzioni contribuiscono al benessere emotivo procurando felicità, soddisfazione e un senso di appartenenza.

Alimentano la fiamma della passione: i gesti d'affetto alimentano la fiamma della passione mantenendo viva la scintilla dell'amore e coltivando un'atmosfera di romanticismo e tenerezza.

Dando importanza alle piccole attenzioni nella vostra relazione, rafforzate il legame e la complicità con il vostro partner, contribuendo a costruire una relazione solida e appagante.

2. Trovare modi originali per mostrare il tuo affetto

Trovar modi originali per mostrare il tuo affetto può ravvivare la fiamma della passione e aggiungere un tocco di creatività e originalità alla vostra relazione. Ecco alcune idee per esprimere il tuo affetto in modo originale:

Scrivere lettere d'amore o poesie personalizzate: prenditi il tempo di scrivere lettere d'amore o poesie personalizzate, esprimendo i tuoi sentimenti più profondi in modo sincero e autentico.

Organizzare serate a sorpresa a tema: organizza serate a sorpresa a tema, creando un'atmosfera magica e romantica che delizierà i sensi e rafforzerà la vostra connessione.

Creare regali fatti a mano: realizza regali fatti a mano, come album fotografici personalizzati, buoni per attenzioni speciali o oggetti artigianali, che testimoniano il tuo impegno e la tua creatività.

Praticare gesti d'affetto inaspettati: sorprendi il tuo partner con gesti d'affetto inaspettati, come preparare il suo piatto preferito, offrire un massaggio rilassante o inviare piccoli messaggi d'amore.

Condividere esperienze nuove ed emozionanti: esplora nuove esperienze insieme condividendo attività emozionanti e stimolanti, come lezioni di danza, un volo in mongolfiera o un'avventura all'aria aperta, che rafforzano la connessione e la complicità.

Esplorando queste idee originali e mettendo in pratica questi gesti d'affetto, arricchirete la vostra relazione e creerete ricordi preziosi che rinforzeranno il vostro legame per gli anni a venire.

Capitolo 19

La sicurezza emotiva

La sicurezza emotiva è un pilastro essenziale di ogni relazione sana e appagante. Implica la creazione di un ambiente sicuro in cui i partner si sentono liberi di esprimere le proprie emozioni, pensieri e preoccupazioni senza timore di giudizio o rifiuto. Ora descriverò come creare un ambiente che supporti il vostro partner durante un periodo difficile.

Praticate l'ascolto attivo e validate i sentimenti del vostro partner: siate presenti per il vostro partner ascoltando attivamente ciò che ha da dire, offrendo il vostro sostegno e mostrando che vi preoccupate delle sue emozioni e preoccupazioni. Evitate interruzioni e giudizi, permettendo al vostro partner di esprimersi liberamente. Al contempo, validate i suoi sentimenti riconoscendo e accettando le sue emozioni, anche se non sempre le comprendete appieno. Evitate di minimizzare o giudicare i suoi sentimenti, mostrandogli che siete lì per sostenerlo in ogni circostanza.

Promuovete una comunicazione aperta: incoraggiate una comunicazione aperta e sincera creando uno spazio in cui le opinioni, i pensieri e le emozioni di entrambi sono rispettati e valorizzati. Siate disponibili a discutere argomenti difficili e ad esplorare emozioni profonde con il vostro partner.

Esprimete empatia: mostrate empatia mettendovi nei panni del vostro partner e cercando di capire ciò che prova. Dimostrate di preoccuparvi per il suo benessere e che siete lì per aiutarlo a superare questo periodo difficile.

Siate presenti senza essere invadenti e rispettate i limiti: offrite il vostro sostegno al vostro partner concedendogli lo spazio necessario per esprimere le sue emozioni e trovare soluzioni. Identificate insieme ciò che è accettabile in termini di comunicazione emotiva ed stabilite chiare limitazioni all'interno della relazione. Rispettate i limiti del vostro partner e comunicate i vostri in modo rispettoso e assertivo. Siate lì per il vostro partner quando viene richiesto, rispettando nel contempo le sue necessità e i suoi limiti.

Promuovete la vulnerabilità: incoraggiate la vulnerabilità all'interno della relazione condividendo le vostre emozioni e esprimendo i vostri bisogni e preoccupazioni in modo aperto e autentico. La vulnerabilità rafforza il legame emotivo e favorisce un clima di fiducia e intimità.

Offrite supporto pratico: fornite supporto pratico al vostro partner aiutandolo con i compiti quotidiani, offrendo assistenza per risolvere i suoi problemi o concedendogli spazio per riposarsi e rigenerarsi.

Gestite i conflitti in modo costruttivo: affrontate i conflitti in modo costruttivo cercando soluzioni soddisfacenti per entrambi e evitando comportamenti distruttivi come critiche, biasimi o disprezzo. Trovate compromessi che soddisfino i bisogni di entrambi i partner e rafforzino il legame nella relazione.

Promuovendo la sicurezza emotiva, rafforzate la fiducia nella vostra relazione, contribuendo a costruire un legame solido e duraturo tra i due partner.

Capitolo 20

La proiezione nel futuro

La proiezione nel futuro è un elemento cruciale di qualsiasi relazione duratura e appagante. Implica la creazione di progetti comuni e la condivisione di obiettivi a lungo termine che rafforzano la connessione e la complicità tra i partner. Vi propongo di discutere dell'importanza di costruire progetti comuni e condividere obiettivi a lungo termine:

Promuovere la complicità e l'allineamento dei valori: la costruzione di progetti comuni e la condivisione di obiettivi a lungo termine rafforzano la complicità e favoriscono l'allineamento dei valori, creando un senso di unità e collaborazione.

Creare un senso di sicurezza e soddisfazione: la proiezione nel futuro crea un senso di sicurezza e stabilità nella relazione, fornendo un quadro per pianificare e costruire insieme la vita a lungo termine. Il raggiungimento di obiettivi comuni porta un senso di soddisfazione e realizzazione, rafforzando la fiducia nella coppia e l'autostima.

Rafforzare l'intimità emotiva e la connessione: la costruzione di progetti comuni e la condivisione di obiettivi a lungo termine incoraggiano la condivisione di emozioni, sogni e aspirazioni, rafforzando così l'intimità emotiva e favorendo una connessione più profonda e significativa.

Offrire una direzione e uno scopo: i progetti comuni offrono una direzione e uno scopo, fornendo ai partner un obiettivo chiaro da perseguire insieme e aiutandoli a rimanere concentrati e motivati nel loro percorso comune.

Costruendo progetti comuni e condividendo obiettivi a lungo termine, i partner rafforzano la loro connessione e il loro impegno reciproco, creando così una base solida per una relazione duratura e appagante.

Capitolo 21

Il legame emotivo

La connessione emotiva è la base di una relazione appagante e duratura. Implica la creazione e il mantenimento di un legame profondo e autentico tra i partner, basato sulla comprensione reciproca, il supporto emotivo e la comunicazione aperta. Vi indicherò come creare e mantenere una connessione profonda con il vostro partner per stabilire una relazione emotivamente soddisfacente.

Praticare l'ascolto attivo: ascoltate attentamente il vostro partner, concentrandovi su ciò che dice senza giudizio né interruzioni. Mostrate empatia riconoscendo le sue emozioni e validando i suoi sentimenti.

Condividere i vostri pensieri e sentimenti: apritevi al vostro partner condividendo i vostri pensieri, sentimenti e preoccupazioni in modo onesto e autentico. Create uno spazio sicuro dove potete esprimervi liberamente senza temere di essere giudicati.

Favorire la vulnerabilità: siate vulnerabili con il vostro partner condividendo le vostre paure, le vostre debolezze e i vostri desideri più profondi. La vulnerabilità rafforza la connessione emotiva creando un legame di fiducia e intimità tra i partner.

Esprimere gratitudine e apprezzamento: esprimete regolarmente gratitudine e apprezzamento verso il vostro partner per le piccole cose che fa ogni giorno. Riconoscere e valorizzare gli sforzi del vostro partner rafforza la connessione emotiva e il legame tra voi due.

Creare momenti speciali insieme: prendetevi il tempo per creare momenti speciali, sia pianificando appuntamenti romantici, condividendo attività eccitanti o semplicemente trascorrendo del tempo di qualità insieme. Questi momenti rafforzano la connessione emotiva e alimentano la complicità tra i partner.

Coltivando questi aspetti nella vostra relazione, potete creare una connessione emotiva profonda e soddisfacente con il vostro partner, rafforzando il legame e la soddisfazione nella vostra coppia.

Capitolo 22

La comunicazione non verbale

La comunicazione non verbale gioca un ruolo essenziale in ogni relazione, poiché spesso trasmette informazioni importanti sulle emozioni, le intenzioni e i sentimenti dei partner. Ora discuterò dell'importanza dei segni non verbali e fornirò consigli su come decodificare i gesti e le espressioni del tuo partner.

1. L'importanza dei segni non verbali in una relazione

I segni non verbali, come le espressioni facciali, i gesti, la postura e il linguaggio corporeo, possono comunicare molto su ciò che il tuo partner prova veramente. Ecco alcune ragioni per cui la comunicazione non verbale è così importante:

Esprime le emozioni: i segni non verbali permettono di esprimere le emozioni in modo più autentico e diretto rispetto alle sole parole. Possono rivelare gioia, tristezza, rabbia, ansia o altri sentimenti che il tuo partner potrebbe provare.

Rafforza la connessione: la comunicazione non verbale rafforza il legame emotivo consentendo una comprensione più profonda e intuitiva dei sentimenti di entrambi. Essere attenta ai segnali non verbali del tuo partner dimostra che sei presente e attenta alle sue emozioni.

Facilita la comprensione: i segni non verbali spesso integrano le parole per chiarire il significato di un messaggio. Ad esempio, un sorriso può indicare approvazione o affetto, mentre una ruga sulla fronte può segnalare preoccupazione o disaccordo.

Riduce i malintesi: essendo consapevole dei segnali non verbali del tuo partner, puoi evitare fraintendimenti e interpretazioni sbagliate che potrebbero danneggiare la comunicazione e la connessione nella coppia.

Indica l'impegno: i segnali non verbali, come il contatto visivo, l'inclinazione del corpo e i gesti di apertura, possono indicare impegno e interesse nella conversazione e nella relazione.

Essere attente ai segni non verbali del tuo partner ti consente di migliorare la comprensione reciproca, rafforzare il legame emotivo e favorire una comunicazione più autentica e soddisfacente.

2. Come decodificare i gesti e le espressioni del tuo partner

Decodificare i gesti e le espressioni del tuo partner richiede attenzione e sensibilità ai suoi segnali non verbali. Ecco alcuni consigli per aiutarti a capire cosa prova il tuo partner attraverso la comunicazione non verbale:

Osserva attentamente: presta attenzione ai gesti, alle espressioni facciali, alla postura e al linguaggio corporeo del tuo partner durante le interazioni. Questi segnali possono fornire indizi importanti sulle sue emozioni e intenzioni.

Considera il contesto: valuta il contesto in cui si verificano i segnali non verbali. Ad esempio, uno sguardo evitante può indicare nervosismo durante una conversazione difficile, mentre un contatto visivo prolungato può significare impegno e interesse.

Sii consapevole dei modelli: individua i modelli di comportamento non verbale del tuo partner per comprendere meglio le sue abitudini e reazioni in diverse situazioni. Ad esempio, alcune espressioni facciali o gesti possono essere indicatori regolari delle sue emozioni.

Chiedi chiarimenti se necessario: se non sei sicura di cosa il tuo partner stia provando, non esitare a chiedere chiarimenti in modo rispettoso ed empatico. Esprimi la tua preoccupazione per il suo benessere e mostra di essere lì per supportarlo.

Valida le sue emozioni: una volta decifrati i segnali non verbali del tuo partner, valida le sue emozioni riconoscendole e accettandole. Esprimi la tua comprensione e il tuo sostegno per ciò che prova, anche se non condividi sempre il suo punto di vista.

Utilizzando queste tecniche, puoi migliorare la tua capacità di decodificare i gesti e le espressioni del tuo partner, rafforzando così la connessione emotiva e la comprensione reciproca nella vostra relazione.

Capitolo 23

La gestione dello stress

Mantenere una relazione sana ed equilibrata implica una gestione efficace dello stress. Ecco come sostenere il tuo partner durante periodi di stress:

Comunicate apertamente ed ascoltate attentamente: condividete le vostre preoccupazioni e ascoltate quelle del vostro partner. La comunicazione aperta rafforza il legame emotivo e favorisce il sostegno reciproco.

Identificate insieme le fonti di stress: esplorate le cause dello stress nella vostra vita quotidiana e lavorate insieme per attenuarle. Questo rafforza la collaborazione e il partenariato nella relazione.

Offrite supporto emotivo e pratico: siate presenti l'uno per l'altro offrendo supporto empatico e proponendo soluzioni concrete.

Siate pazienti e comprensivi: ricordate che lo stress colpisce ognuno in modo diverso. Offrite il vostro sostegno senza giudizi o critiche.

Praticate insieme tecniche di gestione dello stress provando diversi metodi come la meditazione, la respirazione profonda o lo yoga. Scoprite cosa funziona meglio per voi come coppia e praticate regolarmente queste attività insieme. Pianificate del tempo specificamente dedicato al relax, prioritizzando attività rilassanti come guardare un film, fare una passeggiata o qualsiasi altra attività che vi permetta di rilassarvi insieme. Promuovendo il rilassamento, aiutate il vostro partner a ritrovare il suo equilibrio emotivo e rafforzate il vostro legame di coppia.

Ricordate al vostro partner che siete lì per lui: esprimete regolarmente il vostro amore e il vostro sostegno, mostrando che siete pronti a affrontare le sfide insieme come coppia.

Lavorando insieme per gestire lo stress, rafforzate il vostro legame e create un ambiente di sostegno reciproco nella vostra relazione.

Capitolo 24

La tenerezza

La tenerezza è un componente essenziale di ogni relazione amorosa. Essa abbraccia dolcezza, affetto e dimostrazione di cura verso il proprio partner. Esprimere la propria tenerezza verso il partner con gesti semplici rafforza il legame tra gli amanti. Ecco come puoi procedere:

Esprimi il tuo amore e il tuo affetto al partner usando parole dolci. Che sia un sincero "ti amo", un complimento o la manifestazione della tua gratitudine, le parole possono avere un profondo impatto sul benessere emotivo del tuo partner.

Mostra la tua tenerezza abbracciando il partner con coccole e strette. È un modo semplice ma potente per dimostrare che sei lì per lui e che lo apprezzi.

Rafforza il legame emotivo praticando gesti di affetto fisico come baci, carezze e piccoli gesti teneri. Prendi la sua mano, bacialo sulla fronte o accarezzalo dolcemente per mostrargli il tuo amore.

Mostra attenzione al partner con piccole attenzioni che dimostrano che pensi a lui. Che sia prepararglii il suo piatto preferito, scrivere una lettera d'amore o fare un piccolo regalo a sorpresa, queste attenzioni rafforzano i legami affettivi nella relazione.

Mostra la tua tenerezza essendo presente per il partner e ascoltando attivamente ciò che ha da dire. Dimostra empatia e comprensione riconoscendo le sue emozioni e offrendogli uno spazio sicuro per esprimersi.

Illumina la giornata del partner con un sorriso caloroso ogni volta che vi incontrate.

Guarda il partner con tenerezza e amore per mostrargli quanto conti per te.

Prenditi il tempo di fare complimenti sinceri e autentici al partner. Fagli sapere cosa apprezzi di lui e come ti rende felice.

Crea momenti di complicità condividendo attività che entrambi amate. Che sia cucinare insieme, guardare un film o fare una passeggiata, questi momenti rafforzano il vostro legame come coppia.

Mostra al partner che sei lì per lui offrendogli il tuo sostegno incondizionato nei momenti di bisogno. Che sia dandogli una mano a risolvere un problema o offrendogli una spalla su cui piangere, mostragli che sei lì per lui.

Praticando questi gesti semplici ogni giorno, rafforzi il legame emotivo e crei un legame solido e duraturo nella vostra relazione.

Capitolo 25

La riconoscenza e la gratitudine

La riconoscenza e la gratitudine sono pilastri fondamentali di ogni relazione sana e appagante. Implicano l'espressione di gratitudine verso il proprio partner e verso se stessi, nonché il riconoscimento degli sforzi compiuti per contribuire al benessere della relazione. Ora parlerò dell'importanza di coltivare gratitudine e riconoscimento quotidianamente, e dei modi per esprimere i vostri sentimenti per rafforzare la connessione emotiva e creare un ambiente di rispetto, amore e gentilezza nella vostra coppia.

1. L'importanza di praticare gratitudine e riconoscimento quotidianamente

La gratitudine è un potente motore di felicità e benessere, sia per sé stessi che per gli altri. Ecco perché è essenziale praticarla regolarmente:

Favorisce il benessere emotivo: la gratitudine aiuta a coltivare uno stato d'animo positivo concentrandosi su ciò che c'è di buono e positivo nella nostra vita, contribuendo a ridurre lo stress e l'ansia.

Rafforza le relazioni: esprimere gratitudine verso il proprio partner rafforza i legami affettivi e favorisce un clima di rispetto e reciproca stima nella relazione.

Incoraggia la generosità: la gratitudine spesso porta a un desiderio di restituire, favorendo un circolo virtuoso di generosità e gentilezza nella coppia.

Coltiva la soddisfazione relazionale: in riconoscendo e apprezzando le qualità e le azioni positive del proprio partner, si rafforza la soddisfazione relazionale, contribuendo alla costruzione di una relazione più duratura e appagante.

2. Come esprimere gratitudine e riconoscimento

Esprimere gratitudine verso se stessi e verso il proprio partner è un atto potente che rafforza la connessione emotiva e nutre l'amore nella coppia. Ecco diversi modi per esprimere i vostri sentimenti:

Praticare la gratitudine quotidianamente: prendete l'abitudine di dedicare qualche minuto ogni giorno a riflettere su ciò per cui siete grati, che sia verso voi stessi, il vostro partner o la vostra vita in generale.

Esprimere verbalmente la gratitudine: prendetevi il tempo di esprimere apertamente la vostra gratitudine verso il vostro partner, che sia con le parole, note scritte o gesti di affetto.

Riconoscere le azioni positive: riconoscete e apprezzate gli sforzi e le azioni positive del vostro partner, anche se piccole. Fategli sapere quanto siete grati per la sua presenza e il suo sostegno nella vostra vita.

Praticare l'auto-compassione: siate grati verso voi stessi per le vostre qualità, realizzazioni e sforzi. Imparate a trattarvi con gentilezza e compassione, come fareste con un caro amico.

Creare un rituale di gratitudine di coppia: stabilite un rituale di gratitudine di coppia in cui condividete regolarmente ciò per cui siete grati nella vostra relazione. Può essere un momento prezioso per rafforzare i vostri legami affettivi e coltivare un sentimento di reciproca stima.

Praticando la gratitudine verso se stessi e verso il proprio partner in modo regolare e autentico, rafforzate la vostra relazione e create un ambiente di rispetto, amore e gentilezza. Ricordate che la gratitudine è una pratica semplice ma potente che può avere un impatto significativo sulla vostra felicità e soddisfazione nella vita.

Capitolo 26

Viaggi di coppia

I viaggi di coppia offrono un'opportunità unica per rafforzare la vostra relazione e creare ricordi indimenticabili. Discuteremo dei benefici di viaggiare insieme e vi forniremo consigli per pianificare fuga romantiche e memorabili.

1. I benefici di viaggiare in coppia per rafforzare la vostra relazione

Viaggiare insieme può avere un impatto profondo sulla vostra relazione, permettendovi di connettervi in modo nuovo ed eccitante. Ecco alcuni dei principali benefici di viaggiare insieme:

Rafforzamento dei legami: viaggiare insieme vi permette di trascorrere del tempo di qualità come coppia, rafforzando i vostri legami emotivi e la vostra complicità.

Creazione di ricordi: i viaggi offrono l'opportunità di creare ricordi preziosi che custodirete per sempre. Esplorando nuovi luoghi, provando nuove esperienze o condividendo momenti di risate e gioia, i viaggi creano ricordi duraturi.

Esplorazione di nuovi orizzonti: viaggiare insieme vi permette di scoprire nuovi luoghi e vivere esperienze uniche, ampliando i vostri orizzonti e rinnovando la vostra prospettiva sul mondo.

Rafforzamento della comunicazione: viaggiare insieme richiede una comunicazione aperta e una collaborazione, il che può migliorare la vostra capacità di lavorare insieme come coppia.

Creazione di intimità condivisa: condividere esperienze di viaggio insieme crea un'intimità condivisa, rafforzando la vostra connessione emotiva e la vostra complicità.

2. Consigli per pianificare fuga romantiche e memorabili

Ecco alcuni consigli per pianificare fuga romantiche e memorabili con il vostro partner:

Scegliete una destinazione insieme: coinvolgete il vostro partner nel processo di pianificazione scegliendo una destinazione che sia di interesse per entrambi. Che sia una città romantica, una spiaggia paradisiaca o un'avventura all'aperto, scegliete una destinazione che rispecchi i vostri interessi comuni.

Pianificate attività romantiche: cercate attività romantiche da fare insieme durante il vostro viaggio, come cene a lume di candela, romantiche passeggiate al tramonto o escursioni in barca.

Siate spontanei: lasciate spazio alla spontaneità durante il viaggio esplorando luoghi meno battuti e lasciandovi sorprendere da nuove esperienze.

Create ricordi duraturi: prendetevi il tempo di immortalare i vostri momenti di viaggio scattando foto o scrivendo in un diario di viaggio. Questi ricordi vi permetteranno di rivivere i momenti speciali che avete condiviso insieme.

Siate flessibili e adattabili: rimaniate aperti agli imprevisti e ai cambiamenti di programma durante il viaggio. Essere flessibili e adattabili vi permetterà di godervi appieno l'esperienza di viaggio insieme.

Seguendo questi consigli, potete pianificare fuga romantiche e memorabili che rafforzano la vostra relazione e creano ricordi duraturi che custodirete per sempre.

Capitolo 27

La gestione del tempo

La gestione del tempo è una sfida costante nelle nostre vite frenetiche, ma è essenziale per coltivare una relazione appagante. Vi propongo di esplorare come trovare un equilibrio tra lavoro, vita personale e amore, prima di esaminare suggerimenti per massimizzare il tempo trascorso insieme e mantenere la connessione.

1. Come trovare un equilibrio tra lavoro, vita personale e amore

Trova un equilibrio tra le diverse sfere della tua vita è fondamentale per il tuo benessere e per la tua relazione. Ecco alcuni consigli per farlo:

Stabilisci le priorità: identifica ciò che è più importante per te in ogni area della tua vita e dedica il tuo tempo di conseguenza. Assicurati di dedicare abbastanza tempo alla tua relazione, tenendo conto degli altri impegni.

Comunica apertamente con il tuo partner: condividi i tuoi orari e i tuoi impegni con il tuo partner per assicurarti di essere sulla stessa lunghezza d'onda riguardo alla gestione del tempo. Discuti insieme delle aspettative e dei compromessi necessari per mantenere una forte connessione nonostante gli impegni serrati.

Pianifica del tempo di qualità insieme: blocca regolarmente del tempo nel tuo calendario per attività di coppia. Che sia una serata al cinema a casa, una passeggiata romantica o una breve vacanza nel weekend, rendi la tua relazione una priorità pianificando momenti di qualità insieme.

Impara a dire di no: seleziona con attenzione gli impegni esterni e impara a dire di no alle attività che non contribuiscono ai tuoi obiettivi personali e relazionali. Imparando a stabilire dei limiti, puoi gestire meglio il tuo tempo e preservare le energie per ciò che conta davvero.

2. Suggerimenti per massimizzare il tempo trascorso insieme e mantenere la connessione

Ecco alcuni suggerimenti per massimizzare il tempo trascorso insieme e mantenere una forte connessione nonostante gli impegni serrati:

Crea dei rituali quotidiani: istituisce dei rituali giornalieri che ti permettono di riconnetterti con il tuo partner, come fare colazione insieme al mattino o condividere un momento di relax prima di dormire.

Usa la tecnologia in modo intelligente: sfrutta strumenti tecnologici come app di pianificazione condivisa o videochiamate per rimanere in contatto anche quando siete separati fisicamente.

Trova attività da fare insieme: individua attività che potete fare insieme nel contesto dei vostri impegni serrati, come fare sport insieme, cucinare insieme o semplicemente fare una passeggiata nel quartiere.

Sii presente mentalmente: quando siete insieme, sii completamente presente mentalmente ed emotivamente. Allontana le distrazioni e concentrati sulla qualità del tempo trascorso insieme.

Mettendo in pratica questi consigli, puoi trovare un equilibrio tra i tuoi vari impegni e mantenere una forte connessione con il tuo partner nonostante le limitazioni di tempo. Una gestione efficace del tempo è essenziale per nutrire la tua relazione e garantirne l'evoluzione a lungo termine.

Capitolo 28

La resilienza

La resilienza è la capacità di superare gli ostacoli e le prove ed è essenziale per mantenere una relazione forte e appagante. Ora discuterò su come superare le sfide insieme e coltivare una relazione resiliente in grado di affrontare le avversità.

1. Come superare gli ostacoli e le prove insieme

La vita è piena di ostacoli e prove che possono mettere alla prova la vostra relazione. Ecco alcune strategie per superare queste sfide insieme:

Comunicate apertamente: la comunicazione è la chiave per superare gli ostacoli. Condividete le vostre preoccupazioni e i vostri sentimenti con il vostro partner e ascoltate attentamente ciò che ha da dire. Insieme, trovate soluzioni ai problemi che si presentano.

Mostrate empatia: siate empatici verso il vostro partner e mostrategli di capire ciò che sta passando. Esprimete il vostro sostegno e la vostra comprensione, offrendogli la vostra presenza e il vostro ascolto.

Lavorate in squadra: fate squadra con il vostro partner per superare gli ostacoli. Condividete le responsabilità e trovate soluzioni insieme, mettendo in comune le vostre forze e risorse.

Abbiate pazienza: superare gli ostacoli può richiedere del tempo, quindi siate pazienti con voi stessi e con il vostro partner. Accettate che alcune cose non possono essere risolte dall'oggi al domani e concentratevi sui progressi compiuti.

2. Come coltivare una relazione resiliente in grado di affrontare le sfide

Per coltivare una relazione resiliente, è importante stabilire fondamenta solide che vi aiutino a superare le prove. Ecco alcuni consigli per farlo:

Nutrite la vostra connessione: investite tempo ed energia nella vostra relazione, coltivando un legame profondo e significativo con il vostro partner. Rinforzate la vostra complicità condividendo esperienze positive e creando ricordi insieme.

Siate flessibili: la vita è piena di cambiamenti imprevisti, quindi siate flessibili e adattabili di fronte alle sfide che si presentano. Accettate che la vostra relazione evolva nel tempo e imparate ad adattarvi alle nuove circostanze.

Rinforzate la fiducia reciproca: la fiducia è un pilastro fondamentale di una relazione resiliente. Lavorate sulla costruzione e il mantenimento della fiducia reciproca essendo onesti, affidabili e rispettosi l'uno verso l'altro.

Cultivate la gratitudine: praticate la gratitudine nella vostra relazione esprimendo il vostro apprezzamento per il vostro partner e per le piccole cose positive della vita quotidiana. La gratitudine rinforza i legami affettivi e vi aiuta a superare insieme i momenti difficili.

Mettendo in pratica questi consigli, potrete coltivare una relazione resiliente in grado di superare le sfide e prosperare di fronte alle avversità. La resilienza è una qualità preziosa in una relazione, permettendovi di sostenervi reciprocamente e crescere insieme, anche nei momenti più difficili.

Capitolo 29

L'importanza della solitudine

Nel contesto di una relazione, i momenti di solitudine assumono un significato particolare. Se utilizzati saggiamente, possono nutrire la relazione e favorire lo sviluppo della crescita personale. Coltivare momenti di solitudine nella vostra relazione offre numerosi vantaggi:

Tempo per ricaricarsi: la solitudine offre l'opportunità di rigenerarsi e di ritrovare il proprio centro. Questo permette di prendere distanza dalle richieste e dalle tensioni della vita quotidiana, cosa che può essere benefica per la salute mentale ed emotiva.

Promuove l'indipendenza: trascorrere del tempo da soli incoraggia l'indipendenza e l'autonomia nella relazione. Ciò consente a ciascuno di mantenere la propria identità, perseguire i propri interessi e passioni, il che è essenziale per una relazione sana ed equilibrata.

Stimola la riflessione e la crescita personale: la solitudine offre uno spazio per la riflessione e la contemplazione, favorendo così la crescita personale e lo sviluppo individuale. È l'opportunità di conoscere se stessi più profondamente, esplorare i propri pensieri ed emozioni e lavorare su se stessi.

Rafforza la reciproca gratitudine: trascorrere del tempo da soli aiuta a sviluppare una gratitudine più profonda per il proprio partner e rafforza la connessione con se stessi, promuovendo una presenza e un impegno maggiori nella relazione.

Favorisce una comunicazione più profonda: i momenti di solitudine offrono l'opportunità di riflettere sui propri pensieri e sentimenti, il che può favorire una comunicazione più profonda e autentica con il proprio partner. Ciò può incoraggiare conversazioni significative e scambi emotivi più aperti.

Stimola il supporto reciproco: coltivando momenti di solitudine, è possibile riconoscere e esprimere meglio i propri bisogni e preoccupazioni al proprio partner. Questo favorisce un supporto reciproco più forte e una comprensione più profonda delle sfide che ciascuno affronta.

Rafforza l'armonia nella relazione: apprezzando la solitudine e incoraggiando il proprio partner a fare altrettanto, è possibile mantenere un equilibrio sano tra indipendenza e intimità nella coppia. Ciò può contribuire a una relazione più armoniosa ed equilibrata nel complesso.

Incoraggiando entrambi a godere e trarre beneficio dai momenti di solitudine, si promuove un equilibrio sano tra indipendenza e intimità all'interno della coppia. Assicuratevi che anche il vostro partner abbia l'opportunità di beneficiare di questi momenti di riflessione e rigenerazione, poiché ciò non solo contribuisce al vostro benessere individuale, ma rafforza anche la forza e l'armonia della vostra relazione complessiva. Investendo nello sviluppo personale di entrambi, arricchite la vostra relazione mentre coltivate una connessione più profonda e autentica.

Capitolo 30

L'equilibrio delle responsabilità

Un equo riparto delle responsabilità è essenziale per favorire il benessere e l'armonia nella vostra relazione. Ecco alcuni consigli per raggiungerlo:

Comunicate apertamente: discutete apertamente con il vostro partner riguardo ai compiti e alle responsabilità domestiche, finanziarie ed emotive. Identificate le aree in cui ognuno può contribuire e trovate un equilibrio che sia adatto alla vostra situazione specifica.

Stabilite chiaramente le aspettative: definite chiaramente le aspettative riguardo alle responsabilità e alle contribuzioni di ognuno. Questo aiuta ad evitare malintesi e frustrazioni in futuro.

Siate flessibili: siate disposti a modificare la divisione delle responsabilità in base alle necessità e alle circostanze che cambiano. La flessibilità è essenziale per mantenere un equilibrio sano nella relazione.

Riconoscete e apprezzate le contribuzioni di ognuno: valorizzate e ringraziate il vostro partner per le sue contribuzioni, anche se piccole. Il reciproco riconoscimento rafforza il senso di equità e di collaborazione nella relazione.

Imparate a delegare: non esitate a chiedere aiuto quando ne avete bisogno. Imparate a delegare alcune mansioni o responsabilità al vostro partner o ad altri membri del vostro sostegno sociale.

Prendete tempo per voi stessi: dedicate regolarmente del tempo a voi stessi per ricaricarvi e rigenerarvi. Prendersi cura del proprio benessere personale è fondamentale per affrontare le sfide della vita quotidiana.

Siate indulgenti verso voi stessi e il vostro partner: ricordatevi che nessuno può essere perfetto e che è normale affrontare sfide e difficoltà nella relazione. Siate indulgenti verso voi stessi e il vostro partner, trattandovi con gentilezza e compassione.

Mettendo in pratica questi consigli, potrete trovare un equilibrio sano nella divisione delle responsabilità. Un riparto equo dei compiti e delle responsabilità contribuisce a rafforzare la collaborazione e la connessione con il vostro partner, creando una base solida per una relazione appagante.

Capitolo 31

La creatività nella relazione

La nozione di creatività in una relazione potrebbe sembrare sorprendente all'inizio. Tuttavia, questo ingrediente è essenziale. Vi propongo alcune idee originali per stimolare la creatività nella vostra vita amorosa, poiché è importante coltivarla per mantenere una relazione dinamica ed eccitante.

1. Coltivare la creatività per mantenere la relazione dinamica ed eccitante

La creatività porta una ventata di freschezza in ogni relazione. Ecco perché è cruciale coltivarla:

Evita la routine: la creatività aiuta a evitare la stagnazione introducendo nuove idee e attività nella relazione, impedendo che la routine si instauri.

Rafforza la connessione: scoprire nuove esperienze insieme rafforza il legame emotivo e rinnova l'interesse reciproco.

Favorisce la scoperta reciproca: la creatività incoraggia la scoperta reciproca, sia nei passatempi, nelle attività o nelle conversazioni, permettendo ai partner di conoscersi meglio e di avvicinarsi.

Alimenta la passione: sperimentando cose nuove insieme, la creatività alimenta la passione e l'eccitazione nella relazione, mantenendo così viva la fiamma dell'amore.

2. Idee originali per stimolare la creatività nella vostra vita amorosa

Vi propongo diverse idee originali per favorire la creatività nella vostra relazione:

Una serata di creazione artistica: organizzate una serata in cui entrambi possiate dedicarvi a un'attività artistica, come la pittura, la ceramica o il disegno. Lasciate libero sfogo alla vostra creatività e godetevi il processo creativo insieme.

Una cena a tema a casa: preparate una cena a tema esotico o ispirato a una cultura che amate. Decorate la tavola di conseguenza e gustate il vostro banchetto immergendovi nell'atmosfera.

Esplorazione di nuovi luoghi: partite alla scoperta di luoghi sconosciuti nella vostra città o nelle vicinanze. Che sia un museo, un parco naturale o un ristorante esotico, l'esplorazione di nuovi ambienti può stimolare la vostra creatività e avvicinarvi.

Una serata di giochi da tavolo creativi: organizzate una serata di giochi da tavolo in cui potete giocare a giochi che incoraggiano la creatività, come giochi di ruolo, disegno collaborativo o giochi di costruzione.

Creazione di un diario di coppia: iniziate un diario di coppia in cui entrambi possiate esprimere pensieri, sentimenti e idee creative. Usatelo come spazio per esplorare insieme i vostri sogni, progetti e desideri comuni.

Coltivando la creatività nella vostra relazione, potete mantenere viva la fiamma dell'amore e creare preziosi ricordi che vi uniranno ancora di più. Non esitate a esplorare nuove idee e uscire dalla vostra zona di comfort per stimolare la vostra creatività e rafforzare il legame con il vostro partner.

Capitolo 32

La cucina

Ora vi propongo di discutere del ruolo che la cucina può giocare nella costruzione di una relazione duratura e appagante con il vostro partner. La preparazione e la condivisione dei pasti non sono solo attività quotidiane, ma anche momenti preziosi che rafforzano i legami affettivi e creano ricordi indimenticabili.

1. Un'espressione d'amore e gratitudine

Preparare un pasto per il proprio partner va oltre una semplice attività culinaria. È una dimostrazione tangibile del proprio amore e riconoscenza verso di lui. Allo stesso modo, quando il proprio partner cucina per voi, è un gesto che esprime il suo impegno e affetto nei vostri confronti.

2. I benefici di cucinare insieme

Cucinare insieme può essere un'esperienza estremamente gratificante e arricchente per la coppia. Condividendo le mansioni e collaborando alla preparazione di un pasto, si rafforza la complicità e la cooperazione. È anche l'occasione perfetta per conversare, ridere e condividere momenti di intimità mentre si prepara un delizioso pasto.

3. Un'atmosfera intima per cene romantiche

Le cene romantiche sono un ottimo modo per ravvivare la fiamma dell'amore nella vostra relazione. Creando un'atmosfera intima con candele, musica dolce e una tavola ben apparecchiata, è possibile trasformare un semplice pasto in un momento magico e memorabile. Non esitate ad aggiungere un tocco personale preparando i piatti preferiti del vostro partner o sperimentando nuove ricette insieme.

4. La simbologia dei pasti condivisi

I pasti condivisi hanno un significato simbolico profondo in una relazione. Rappresentano non solo la condivisione del cibo, ma anche la condivisione di momenti di gioia, tristezza, successo e fallimento. Mangiando insieme, si creano ricordi e tradizioni che rafforzano il tessuto della vostra relazione e vi avvicinano sempre di più l'uno all'altro.

5. Il piacere di scoprire nuovi sapori insieme

Esplorare nuovi sapori e cucine insieme può essere un'avventura emozionante e gratificante. Che decidiate di cucinare un piatto esotico a casa o di scoprire un nuovo ristorante, condividere questa esperienza gustativa con il vostro partner può aprire nuove prospettive e stimolare la vostra curiosità insieme.

La cucina può svolgere un ruolo significativo nella costruzione di una relazione duratura e appagante. Non si limita solo alla preparazione dei pasti, ma costituisce anche un'esperienza di connessione e un'espressione di riconoscenza. Cucinando insieme, condividendo cene romantiche e esplorando nuovi sapori, si rafforzano i legami affettivi e si nutre l'amore che vi unisce.

Parti 4

Crescita continua e azione

Capitolo 33

La crescita continua

Vi propongo ora di discutere dell'importanza di impegnarvi a continuare a evolvere e migliorare sia come individui che come coppia. Successivamente, indicherò delle strategie per mantenere una relazione arricchente nel lungo termine.

1. Continuare a evolvere e migliorare come individui e come coppia

La crescita personale e relazionale è un processo continuo che richiede impegno e costante sforzo. Ecco perché è essenziale impegnarsi a continuare a evolvere:

Promuove lo sviluppo personale: la crescita personale è un elemento fondamentale per la felicità e il benessere individuale. Cercando costantemente di migliorarsi e svilupparsi, si arricchisce la propria vita e si espande il proprio potenziale.

Rafforza la vostra relazione: la crescita individuale contribuisce a rafforzare la vostra relazione permettendo a ciascun partner di crescere e realizzarsi personalmente. Incoraggiando e sostenendo la crescita del vostro partner, si crea un legame più forte e profondo nella vostra relazione.

Prevenire la stagnazione: impegnandosi a continuare a evolvere, si evita la stagnazione e la compiacenza nella vostra relazione. Questo aiuta a mantenere l'entusiasmo, la passione e l'interesse reciproco nel lungo periodo.

Promuove l'adattabilità: la crescita continua favorisce l'adattabilità e la flessibilità nella vostra relazione, essenziale per affrontare le sfide e i cambiamenti che si presentano lungo il percorso della vita.

2. Strategie per mantenere una relazione arricchente nel lungo termine

Vi propongo diverse strategie per favorire il mantenimento di una relazione nel lungo termine:

Stabilire obiettivi comuni: identificate obiettivi comuni come coppia e lavorate insieme per raggiungerli. Possono essere obiettivi legati alla vostra relazione, alla vostra carriera, alla vostra famiglia o ad altri aspetti della vostra vita.

Investire nella vostra relazione: dedicate tempo ed energia per nutrire e coltivare la vostra relazione. Ciò può includere attività di qualità da fare insieme, discussioni profonde e significative, nonché gesti di affetto e sostegno reciproco.

Comunicare apertamente e sinceramente: praticate una comunicazione aperta e sincera con il vostro partner, condividendo pensieri, sentimenti e preoccupazioni in modo autentico. Questo favorisce la comprensione reciproca e rafforza i legami affettivi.

Imparare e crescere insieme: cercate opportunità per imparare e crescere insieme, esplorando nuovi interessi, coltivando passioni comuni e partecipando ad attività arricchenti.

Essere flessibili e compromessi: siate pronti a compromessi e a essere flessibili per risolvere conflitti e superare ostacoli che si presentano nella relazione. A volte, questo significa mettere le esigenze della relazione al di sopra dei propri desideri individuali.

Impegnandovi a continuare a evolvere e migliorare come individui e come coppia, create le condizioni per una relazione nel lungo termine arricchente e soddisfacente. Coltivando la crescita personale e relazionale, rafforzate le fondamenta della vostra relazione e siete pronti ad affrontare le sfide e celebrare i successi insieme nei prossimi anni.

Capitolo 34

Passare all'azione

Ci incoraggio vivamente ad applicare i nostri consigli. Ecco alcune suggerimenti per aiutarvi ad integrare i nostri insegnamenti nella vostra vita quotidiana:

Prendetevi del tempo per riflettere sulle idee presentate nel nostro libro e identificate quelle che risuonano di più con voi e con la vostra relazione.

Cominciate con piccoli cambiamenti e progredite al vostro ritmo. La trasformazione personale e relazionale è un processo continuo che richiede tempo e pazienza.

Coinvolgete il vostro partner in questo processo, discutendo insieme delle idee presentate nel nostro libro e lavorando insieme per mettere in pratica i consigli che vi sembrano più pertinenti.

Siate indulgenti con voi stessi e con il vostro partner. Il cammino verso relazioni d'amore appaganti può avere alti e bassi, ma sono proprio questi sfide che ci aiutano a crescere e a rafforzarci come individui e come coppia.

Mettendo in pratica i nostri consigli, potrete creare relazioni d'amore profondamente gratificanti, appaganti e durature.

Tabella dei contenuti

Ordini e disponibilità

Tutti i nostri libri sono disponibili e ordinabili su Amazon. Consultate Amazon per scoprire i nostri nuovi libri e altre serie.

Hai apprezzato questo libro?

Consiglialo sui social media, ai tuoi amici, valutalo su Internet. Vi ringraziamo in anticipo per questi gesti che ci incoraggiano a produrre altri libri di qualità.